Thomas Chorherr

Eine kurze Geschichte ÖSTERREICHS

Ereignisse

Persönlichkeiten

Jahreszahlen

UEBERREUTER

ISBN 3-8000-3934-6

Umschlaggestaltung: Maria Schuster
Coverfoto: Herzog Leopold V. erhält nach der Einnahme von Akkon die rot-weiß-rote Fahne überreicht; Detail aus dem Babenberger-Stammbaum; Stift Klosterneuburg

Druck: Theiss GmbH, A-9431 St. Stefan i. L.
1 3 5 7 6 4 2

Ueberreuter im Internet: www.ueberreuter.at

Inhalt

Inhalt

> Vorwort

»Heiß umfehdet, wild umstritten, liegst dem Erdteil du inmitten, einem starken Herzen gleich ...« Man singt es – aber wird dabei auch nachgedacht? Und doch hat die österreichische Bundeshymne, besser gesagt ihr Text, Recht. Es liegt dem Erdteil inmitten, dieses Österreich – dieses gute Land, wie es Franz Grillparzer bezeichnet hat, in der berühmten Rede des Ottokar von Horneck. Und es ist in der Tat stets wild umstritten gewesen im Lauf seiner Geschichte – ein Land, das mitten in Europa liegt, ist einmal Macht und einmal Beute, ist einmal Straße und einmal Brücke. Es ist Weg und Grenze zugleich. Es ist – eben Österreich.

Seine Geschichte ist die Geschichte Europas. Mehr noch: Es ist Weltgeschichte, die ihm in fast jedem Jahrhundert ihren Stempel aufgedrückt hat. Wer Österreich sagt, meint Reich und Kraft und Herrlichkeit und dann wieder Kampf und Krieg und Armut.

Mehr als je zuvor ist dieses Land heute wieder zur Brücke geworden. Vor Jahrhunderten, ja Jahrtausenden waren es Kelten und Awaren, Römer und Hunnen, und wie alle die Völker hießen, die über diese Brücke setzten und sie besetzt hielten, weil die Brücke dem Erdteil inmitten lag. Heute erfüllt sie eine andere Funktion – nicht mehr heiß umfehdet, wild umstritten ist sie, sondern eine Verbindung von West nach Ost, ein Kern Mitteleuropas, dessen Schulkinder den Ausdruck »Eiserner Vorhang« nur mehr aus den Geschichtsbüchern kennen. Bei gutem Wetter kann man von der Türmerstube zu Sankt Stephan bis hinüber sehen nach Pressburg, heute als Bratislava die Hauptstadt der Slowakei. Mitteleuropa ist von der richtigen geografischen auch wieder zur nicht minder richtigen, gleichzeitig aber auch überaus wichtigen geopolitischen Bezeichnung geworden. Ohne Österreich wäre die Europäische Union zwar Union, aber nicht europäisch. Die Brücke, die einst den damals freien Westen mit dem Osten verband, ist wieder Bindeglied geworden, diesmal eines, das die Staaten Mitteleuropas verbindet.

In der Tat: Eine Geschichte Österreichs ist eine Geschichte Europas, ja der Welt. Sie kurz zu fassen ist schwierig. Es soll trotzdem unternommen werden, im Sinne Grillparzers – es ist ein gutes Land – und im Sinne jener Hymne, deren Text historische Wahrheit enthält: viel gerühmt, viel geprüft, viel geliebt. Eben Österreich.

Thomas Chorherr

> 1. Vor- und Frühgeschichte

> Zeittafel	
400 000–40 000 v. Chr.	Mittelpaläolithikum, erste Spuren menschlichen Lebens auf dem Gebiet des heutigen Österreich, älteste Fundorte: Repolusthöhle und Badlhöhle bei Peggau
40 000–10 000 v. Chr.	Jungpaläolithikum, bedeutende Funde: tanzende Venus am Galgenberg bei Krems, Venus von Willendorf
10 000–8000 v. Chr.	Endpaläolithikum, Fundstätten: Unken an der Saalach, Galgenberg bei Horn, Tropfsteinhöhle bei Griffen
8000–5500/5000 v. Chr.	Mesolithikum, Kindergrab bei Elsbethen, Maxglan, Kamegg, Limberg und Bisamberg
5500/5000–3900 v. Chr.	Neolithikum, bekanntester Fund: Venus von Draßburg
3900–2300/2200 v. Chr.	Spätneolithikum, bekanntester Fund: Mann vom Hauslabjoch (allgemein als Ötzi bekannt)
2300/2200–1200 v. Chr.	Frühe und mittlere Bronzezeit, wichtige Fundstellen: Böheimkirchen, Franzhausen, Gemeindelebarn
1200–700 v. Chr.	Späte Bronzezeit (Urnenfelderzeit), wichtige Fundstellen: Franzhausen, Pitten, Siegendorf, Matrei in Tirol
700–400 v. Chr.	Ältere Eisenzeit, Hallstattkultur
6. Jh. v. Chr.	Kultwagen von Strettweg

Der Film ist Jahrzehnte alt: »2001 – Odyssee im Weltall«. Die erste Sequenz ist besonders bestechend. Hominiden – sind es Affenmenschen? – kämpfen miteinander. Ihre Waffen sind Schenkelknochen. Es ist ein Kampf um Leben und Tod; einer bleibt Sieger und der andere tot auf der Walstatt. Der gewonnen hat, wirft freudig seine Waffe in die Luft. Überblendung: Der tödliche Knochen verwandelt sich in ein Raumschiff, das durch das All schwebt.

Was Regisseur Stanley Kubrick in dieser faszinierenden Passage ausdrücken wollte, ist die Ewigkeit des Waffengangs. Es gab ihn, solange es Menschen gibt, oder Hominiden oder Neandertaler oder die anderen aufrecht gehenden Lebewesen, die wir für unsere Vorfahren halten.

Dass zu den frühesten Spuren österreichischer Kultur vor allem auch Waffen, vorzugsweise Schwerter gehören, passt zum Film. Allein, der Wald war früher als das Schlachtfeld, die Natur demgemäß früher als die erwähnte Kultur. Im Anfang war die Höhle. Die Österreicher haben gemein, was auch für die anderen Europäer gilt: Sie waren kulturelle Spätberufene. Als der **Bronzezeitmensch**, aus einem Gletscher an der Grenze zwischen Österreich und Südtirol herausgeschmolzen, von Wissenschaftlern aus aller Welt bestaunt und untersucht wurde, waren nicht alle ehrlich genug zuzugeben, dass zu Lebzeiten der als **»Ötzi«** bekannt gewordenen gefrorenen Mumie die ägyptischen Pharaonen längst ihre Pyramiden und die Chinesen ihre Paläste errichtet hatten. Der Mann, der angeblich durch fremde Gewalt umgekommen war, ist vor ungefähr **5300 Jahren** gestorben. Das Neue und wissenschaftlich so Interessante war, dass hier zum ersten Mal die nahezu unversehrte Leiche eines »Altösterreichers« den Pathologen, Ethnologen und Historikern zur Verfügung stand, eines Vorfahren, der freilich nicht der älteste gewesen ist.

Vielmehr haben jene Menschen, die in frühgeschichtlichen

Zeiten das Gebiet des heutigen Österreich bewohnten, ihre Härte dadurch beweisen können, dass sie alle Klimaveränderungen – Eiszeiten und Zwischeneiszeiten – ertrugen ohne auszusterben. Sie haben sogar Lust und Muße gehabt sich künstlerisch zu betätigen. Die älteste von Menschenhand geschaffene Figur, die in Österreich gefunden wurde, ist die als **»Venus von Willendorf«** bekannt gewordene Frauengestalt, eine winzig kleine primitive Steinskulptur mit überdimensionierten Brüsten und deutlich erkennbaren weiblichen Genitalien. Man hat sie als Fruchtbarkeitsgöttin identifiziert und das Alter der Figur auf etwa **30000 Jahre** geschätzt. Willendorf ist ein Ort in der Wachau, er ist durch den Fund dieser Skulptur berühmt geworden.

DIE HALLSTATTKULTUR
(800–380 V. CHR.)

Die HALLSTATTKULTUR ist eine nach dem Gräberfeld von Hallstatt benannte vorgeschichtliche Kultur mit Schwerpunkt in Südeuropa. Die Abgrenzung zu anderen Kulturen ist jedoch sehr umstritten. Träger der Kultur waren kriegerische Bauern. Die Gräberfunde mit reichlichen Grabbeigaben lassen auf einen Glauben an ein Nachleben der Toten schließen. Als größte technische Leistung gilt die Einführung des Eisens als Nutzmetall.

Sie ist freilich nicht die **erste Spur menschlichen Lebens** in Österreich. Vielmehr reichen Funde, die auf die Existenz von Menschen schließen lassen, **bis zu 150000 Jahre zurück**. Erst dann aber, als Gräber gefunden worden waren, hat die österreichische Frühzeit begonnen. Die »Venus von Willendorf« hat man der Urgeschichte zuordnen können, gleichzeitig aber festgestellt, dass vor der Kultur offenbar die Natur gekommen war: Fruchtbarkeit stand im Vordergrund. Die Natur bestand aus Wald. Dass sich auch heute noch viele Volksmärchen um den Wald drehen beziehungsweise in ihm spielen, mag auf diese seine urgeschichtliche Bedeutung zurückzuführen sein.

Es ist soziologisch interessant, dass Jahrtausende später in den ersten Gräbern, die aufgedeckt wurden, unter den Grabbeigaben in erster Linie auch Waffen, meist Schwerter, gefunden worden sind. Egal nun, ob Steinzeit oder Bronzezeit oder Eisenzeit, egal, ob **Mondseekultur, Hockergräberkultur, Hallstattkultur oder Hügelgräberkultur** alle diese Perioden, die den Beinamen »Kultur« gleichsam nur als Periodenbezeichnung trugen, haben gemeinsam, dass die Menschen an ein Weiterleben nach dem Tode glaubten und dass ein toter Mann im Jenseits die Zeichen seiner Tapferkeit benötigte. Aber auch Geschirr, Werkzeug und andere Gerätschaften legten vom Glauben der ur- und vorgeschichtlichen Menschen Zeugnis ab, dass mit dem Tod nicht alles zu Ende sei.

Haben jene Menschen, von denen die »Venus von Willendorf« geschaffen worden war, sich miteinander auf eine Art und Weise verständigen können, wie wir sie heute gewohnt sind? Linguisten glauben zu wissen, dass vor der Sprache das Lachen kam. Sie meinen dies nicht zuletzt auf Grund des Benehmens der den Menschen am nächsten stehenden Tiere, der Affen, feststellen zu können. Das Grinsen kam vor dem Lächeln und das Lächeln vor dem Reden. Die Ur-Österreicher haben gegrunzt. Eine Sprache hat sich erst herausgebildet, als die Laute differenzierter geworden sind. Bis zum Reden freilich war es dann noch ein Jahrtausende alter Weg, und bis zur Teilung des Indogermanischen – gleichsam einer Mischung asiatischer und europäischer Laute – zum Urgermanischen dauerte es nicht weniger lang.

Als Ötzi, der Mann vom Similaungletscher, ums Leben kam, war dieser Prozess längst zu Ende. Da gab es bereits Jäger und Sammler, es gab Blockhütten und Pfahlbauten, es gab Kunsthandwerk und sogar Friedhöfe. Fundstellen sind über ganz Österreich verteilt. Die Natur ist bereits in der Frühgeschichte der Kultur gewichen.

> 2. Kelten, Römer und Germanen

>	Zeittafel
ab 400 v. Chr.	Jüngere Eisenzeit – Frühe La-Tène-Kultur, Kelten breiten sich auf dem österreichischen Raum aus
ab 300 v. Chr.	Mittlere La-Tène-Zeit: Vermischung von Kelten und Illyrern
vor 113 v. Chr.	das keltische Königreich Noricum entsteht
113 v. Chr.	Schlacht von Noreia zwischen Römern und Germanen
ab 100 v. Chr.	Späte La-Tène-Zeit: Bergbau und Metallgewinnung am Erzberg in der Steiermark und in Hüttenberg in Kärnten
um 15 v. Chr.	Besetzung Noricums und Unterwerfung Raetiens durch Augustus
6 n. Chr.	Tiberius leitet von Carnuntum aus einen Kriegszug gegen die Markomannen
um 10	erste Germanensiedlungen auf österreichischem Gebiet, nördlich der Donau
um 100	Kaiser Trajan lässt den Donaulimes ausbauen, Vindobona wird befestigtes Legionslager
um 120	Carnuntum erhält von Kaiser Hadrian das Stadtrecht
ab 166	Kriege Marc Aurels gegen die Markomannen
	Carnuntum wird Hauptquartier Kaiser Marc Aurels
11. 6. 172	Entscheidungsschlacht Marc Aurels gegen die Quaden (Regenwunder)
17. 3. 180	Kaiser Marc Aurel stirbt in Vindobona vermutlich an der Pest

Den Gymnasiasten mag es auch heute noch bis zum Überdruss eingebläut werden: »Gallia est omnis divisa in partes tres, quorum unam incolunt Belgae, aliam Aquitani, tertiam, qui ipsorum lingua Celtae, nostra Galli appellantur.« In der Schule geht es beim »Gallischen Krieg« Caesars, bei seinen Aufzeichnungen »De Bello Gallico« nicht um Geschichte oder Politik, sondern in erster Linie um das Latein: Caesar ist gemeinhin der erste, weil am leichtesten verständliche Schriftsteller, der im Unterricht gelesen wird. Erst später, im Geschichtsunterricht, wird den Schülern erzählt, dass die bereits erwähnte Hallstattkultur nicht zuletzt in Österreich von den Illyriern, von Norden kommend und sich mit der Urbevölkerung vermischend, und dann von den Kelten, eben den »Celtae«, getragen wurde. Sie haben sich von Frankreich aus über den größten Teil Europas verbreitet.

Man geht nicht fehl, sie als eines der ersten europäischen Kulturvölker zu bezeichnen. In einzelne Stämme unterteilt, haben sie doch vieles gemeinsam: Religion, Waffen, Handwerkszeug, den Ackerbau und die dazu notwendigen Gerätschaften, im Lauf der Zeit auch befestigte Bergstädte. Der griechische Geschichtsschreiber Diodoros hat ihr Äußeres geschildert, wobei man in Rechnung stellen muss, dass er ein Abschreiber war, und ein flüchtiger noch dazu. Immerhin beschrieb er die Kelten als groß, blond, ja »furchterregend«. Ihr Haar, schrieb er, sei von Pferdemähnen kaum zu unterscheiden. Im Übrigen schildert er die Kelten so, wie heute Asterix gezeichnet ist: »Manche rasieren sich, andere, vor allem die Vornehmen, lassen sich bei glatt geschabten Wangen einen Schnurrbart lang herabwachsen, sodass ihr Mund verdeckt ist.« Und ein anderer Grieche schrieb: »Sie wohnten ... in Häusern ohne weitere Inneneinrichtung, denn da sie auf der Streu schliefen, in der Hauptsache Fleisch aßen und keine andere Tätigkeit trieben als Krieg und Landbau, so war ihr Leben sehr einfach.«

Die Kelten glaubten, dass sie nach dem Tod in ein Reich der Seligen eingingen: Die Seele ist unsterblich; selbst wer im hiesigen Leben unglücklich ist, wird drüben glücklich sein. Bestärkt wurden sie von der Priesterkaste, den Druiden, deren Ansehen nicht zuletzt auf ähnlichen Voraussetzungen beruhte wie jenes der ägyptischen Priester: Sie konnten zum Beispiel Naturereignisse vorhersagen.

Den Kelten, die **um 400 v. Chr.** in das Gebiet des heutigen Österreich kamen und eine Zeit lang auch im heutigen Wien beheimatet waren, war das Eisen nicht nur bekannt, sie fertigten auch Lanzen, Schwerter, Schilder. Sie waren zudem die ersten **»Goldschürfer« in Österreich**. Vor allem ihr wichtigster Stamm, die **Taurisker**, wusste mit »Nuggets« sogar zu handeln. Der griechische Geograf Strabo erzählt, man hätte »bei Aquileia, besonders aber im Lande der norischen Taurisker, so reichlich Gold gefunden, dass man nur zwei Schuh tief zu graben brauchte, um auf Gold zu stoßen. Das in der Größe einer Bohne gefundene Gold sei teils so rein gewesen, dass beim Einschmelzen nur ein Achtel verloren ging, teils habe es zwar eines kräftigen Läuterungsprozesses bedurft, sei aber immer noch gehaltreich gewesen.«

Der Schmuck der Kelten war auch nach heutigen Begriffen prächtig, sie prägten bereits Münzen und angeblich haben sie schon Wein in unseren Breiten angebaut; dass der römische Kaiser Probus den Wein nach Österreich brachte, scheint eine Legende zu sein. Aber die Römer lauerten lange vor Probus schon gleichsam im Hintergrund, sprich: in der Nachbarschaft. Gleichsam als Puffer gegenüber den Germanen haben einige keltische Stämme, angeführt von den Norikern, das **Königreich Noricum** gegründet, das bald in regen Handel mit Rom trat. Ein Zentrum dieses Handelsverkehrs lag auf dem Magdalensberg in Kärnten.

Ob es die Furcht vor Einfällen der Germanen an der Nordgrenze des Imperium Romanum war oder der Wunsch der **Römer**, den Handel mit den Norikern völlig an sich zu reißen: Rom entschied sich im Jahre **15 v. Chr.** zu einer »**Befriedungsaktion**« und besetzte das keltische Königreich im Norden. Gleichzeitig griffen die Germanen vom Norden her an; langsam wurde das, was von der Hallstattkultur, vom Keltischen und somit vom Kunstvollen noch übrig war, verdrängt. In Hinkunft standen Römer und **Germanen** einander gegenüber – vor allem auch dort, wo sich viele Jahrhunderte später Österreich bildete. Die »Austria Romana« nahm ihren Anfang, das römische Grenzgebiet südlich der Donau und östlich des Rheins mit seinen **Provinzen Rätien, Noricum und Pannonien**. Eine Kette von Kastellen schützte das Imperium, eines der wichtigsten befestigten Lager war Carnuntum, heute noch die prominenteste römische militärische und zivile Anlage in Österreich.

Austria Romana: Die Römer, könnte man sagen, haben Österreich zivilisiert. Sie haben das eingeführt, was man heute, und nicht nur positiv gemeint, »Law and Order« nennt. Sie haben Recht und Gesetz gebracht, aber auch das, was wir heute unter Zivilisation verstehen, dazu auch das, was wir Komfort und Bequemlichkeit nennen: Heizungen und Kanalanlagen, Kultur- statt Naturlandschaft, Villen statt Blockhäusern, aber auch Amphitheater und öffentliche Bäder. Und vor allem Straßen, Straßen, Straßen, über die Berge und durch die Täler geführt, viele von ihnen nach heutigen Methoden gepflastert und mit Meilensteinen versehen, von denen manche noch heute zu sehen sind. Die Sitten und Gebräuche und auch die Sprache der Einheimischen sind bei all dem kaum angetastet worden. Der »**Donaulimes**« war eine befestigte Grenze gegen die Germanen, keine quer durch die Bevölkerung.

Kastelle haben die Grenze nahezu undurchdringlich gemacht. In regelmäßigen Abständen hat man sie errichtet, Carnuntum auf heute österreichischem Boden das größte, Vindobona für unsere Begriffe das bekannteste. In **Carnuntum** lebten mehr als **50000 Menschen** in einem Komfort, der auch heute noch Staunen erregt: mit Bädern und Thermen, mit Werkstätten, Villen und zwei Amphitheatern. Streng getrennt war die Zivilstadt von der militärischen Lagerstadt, in der nacheinander eine Reihe von Legionen, jede zirka 6000 Mann stark, stationiert war.

RÖMISCHE NAMEN ÖSTERREICHISCHER ORTE

Aelium Cetium	Sankt Pölten
Aguntum	Lienz
Aquae	Baden bei Wien
Arrianis	Klosterneuburg
Brigantium	Bregenz
Carnuntum	Petronell
Clunia	Feldkirch
Comagena	Tulln
Flavia Solva	Wagna bei Leibnitz
Iuvavum	Salzburg
Lauriacum	Lorch bei Enns
Lentia	Linz
Matreium	Matrei
Ovilava	Wels
Vindobona	Wien
Vinomnia	Rankweil
Virunum	Zollfeld, nördl. von Maria Saal

Vindobona, das heutige Wien, ist in der Mitte des ersten Jahrhunderts befestigtes Legionslager geworden; Reste sind heute noch Am Hof zu besichtigen. Das ursprüngliche Kastell erstreckte sich innerhalb eines Gebietes, das vom Tiefen Graben, Naglergasse, Graben, Kramergasse, Rotgasse und dem heutigen Donaukanal umgrenzt war. Das Lager war gegenüber jenem von Carnuntum eigentlich von geringerer Bedeutung – bis ein Mann kam, der es in die Höhen der Weltgeschichte hob: **Marc Aurel**. Er zog gegen die Markomannen und Quaden, zwei mächtige germanische Stämme, zu Felde, die wiederholt versucht hatten, den Limes zu überwinden und sogar Rom zu erreichen; immerhin konnten sie bis Oberitalien vordringen. Marc Aurel ist jener Kaiser, dem es vielleicht zum letzten Mal gelungen ist, das Imperium Romanum unversehrt zu erhalten, mit ebenso ungewöhnlichen und teilweise sogar dubiosen Mitteln. Er ließ zum Beispiel, wie es hieß, sein Privatvermögen versteigern und verwendete den Erlös zu Rüstungszwecken, er ließ die Gladiatoren aus den Arenen in das Heer übertreten, ja er soll sogar inhaftierte Räuber zu Soldaten gemacht haben.

Er war nicht nur Kaiser und Heerführer, er war auch Philosoph. Seine Aphorismen sind auch heute noch überaus eindrucksvoll. Er umschrieb etwa, und dies viele hundert Jahre früher als Machiavelli, dessen Kriterien allerdings völlig anders lauteten, die Eigenschaften, die ein Gebieter haben sollte: »Erhalte dich einfach, gut, lauter, ernsthaft, prunklos, gerechtigkeitsliebend, gottesfürchtig, wohlwollend, liebreich und standhaft in Erfüllung deiner Pflichten. Ringe danach, dass du der Mann bleibest, zu dem dich die Philosophie bildet.«

Marc Aurel war ein Herrscher, dem nichts Schlechtes nachgesagt werden konnte. »Er hatte nicht das Glück, das er verdienen würde«, formulierte der römische Geschichtsschreiber Cassius Dio. »Doch ist vor allem dies zu bewundern, dass er inmitten außergewöhnlicher Schwierigkeiten durchhielt und das Reich durch alle Gefahren glücklich hindurchsteuerte.« Er war, wie geschrieben wurde, »großzügig im Belohnen und geneigt zu verzeihen; so machte er die Schlechten gut und die Guten noch besser.« Das Monument, das man ihm errichtet hat – es war das erste Reiterstandbild im antiken Rom – steht heute auf dem Kapitol.

166 Jahre hatte der Krieg gegen die Markomannen gedauert, den Marc Aurel schließlich für Rom glücklich beenden konnte. In diesem Zusammenhang ist eine Legende interessant, die vom so genannten **Regenwunder** berichtete. Es herrschte, heißt es, während eines der Feldzüge eine so große Hitze, dass die römischen Soldaten nahe am Verschmachten waren. Sie beteten zu ihren Göttern (einige auch zu ihrem Herrgott, was vermuten ließ, dass damals schon Christen im Heer waren)

und plötzlich verdunkelte sich der Himmel, Wolkenbrüche gingen nieder, Blitze zuckten und die Germanen, die in alldem ein Gottesurteil sahen, brachen den Kampf ab.

Marc Aurel ist **180 n. Chr. in Vindobona gestorben** – einer der berühmtesten und auch am meisten geschätzten Kaiser des antiken Rom. An der Pest gestorben, die das ganze römische Heer heimgesucht hatte. »Was beweint ihr mich, anstatt an das Massensterben zu denken«, soll er gesagt haben.

> 3. Die Christianisierung

>	Zeittafel
194	Kaiser Septimius Severus erhebt Carnuntum zur Colonna, dem höchstmöglichen Rang einer römischen Provinzstadt
293	auf Grund der neuen Verfassung von Kaiser Diokletian gehören Noricum und beide Teile Pannoniens ab nun zur Präfektur Illyricum
4. 5. 304	Märtyrertod Florians
375	Kaiser Valentinian I. schlägt in Carnuntum sein Hauptquartier für einen Feldzug gegen die Quaden auf
4. 5. 304	Einfall der Markomannen von Böhmen aus in Noricum und Pannonien, Vindobona und Carnuntum zerstört
Ende 4. Jh.	zunehmender Machtverfall der Römer auch südlich der Donau, der Raum Österreich wird zum Teil von germanischen »foederati« besiedelt und ist andererseits Durchzugsgebiet während der Völkerwanderungszeit
um 453	Severin beginnt seine Missionarstätigkeit auf österreichischem Boden
8. 1. 482	Severin stirbt in einer Klause bei Mautern
610	Abt Columban, irischer Herkunft, gründet in Bregenz ein Kloster

Noch unter Rom, noch zur Zeit Marc Aurels gab es auf dem Gebiet des späteren Österreich bereits die ersten Christen. Das erwähnte Regenwunder wird, wie gesagt, von vielen als Beweis dafür angeführt, dass es bereits zu dieser Zeit, also um das Jahr 173, sogar im römischen Heer schon Soldaten christlichen Glaubens gegeben hat. Hätten die Männer, oder jedenfalls einige von ihnen, ansonsten ihren Herrgott um Hilfe in der brütenden Hitze angefleht? Hätte dieser Herrgott ansonsten ihre Gebete erhört?

Verbürgt scheint auch der Bericht über den ersten Märtyrer, der in Österreich – besser: in Noricum – den Tod fand und der bis heute als der **heilige Florian** bekannt ist.

Auch die ersten Denkmäler christlicher Kunst in Österreich stammen aus dieser Zeit. So hat zum Beispiel ein römischer Soldat namens Flavius Ianiarius seiner Frau Ursa ein Grabmal gesetzt, auf dem sie als »Crestiana fidelis« bezeichnet wurde, als gläubige Christin. Die Grabplatte wurde in Ovilava, dem heutigen Wels gefunden. Älter noch ist das Relief der vorderen Langseite eines Sarkophags, das bereits Christus als guten Hirten zeigt. Es dürfte aus Virunum stammen, der römischen Stadt nördlich von Maria Saal in Kärnten.

Die Christianisierung in den Gebieten des heutigen Öster-

DER HEILIGE FLORIAN

GEST. 4. 5. 304

Der HEILIGE FLORIAN gilt als der erste österreichische Märtyrer. Er war der Kanzleivorstand des Statthalters von Ufernoricum, der – selbst offenbar Christ – anderen, die seinem Glauben anhingen, helfen wollte. Infolge seiner Stellung (und weil die Diokletian'sche Christenverfolgung ihren Höhepunkt erreicht hatte) festgenommen, wurde er im Jahre 304 zum Tod verurteilt. In Lauriacum band man ihm einen Stein um den Hals und ertränkte ihn in der Enns. Als HEILIGER FLORIAN ist er Landespatron Oberösterreichs und Patron der Feuerwehr. Er wird als römischer Legionär (der er aber offenbar nicht gewesen ist) mit einem Wasserschaff dargestellt. Der Legende nach ist er dort begraben worden, wo sich heute das Stift Sankt Florian befindet.

reich hatte also trotz der zeitweiligen Verfolgungen in der späten Römerzeit offenbar bereits damals einen ersten Höhepunkt. Die Zentralfigur in dieser Periode der Wirrungen war ein Mann, der freilich erst in der Endzeit des Imperiums aufgetreten ist: ein Mönch namens **Severin**, dem die Missionierung der damaligen römischen Provinzen zu verdanken ist. Geboren um 410, hat er unter gewaltigem Einsatz aller seiner Kräfte und Missachtung seiner Gesundheit auf österreichischem Boden für damalige Begriffe riesige Distanzen zurückgelegt, um die Menschen, die zum Teil noch heidnischen Bräuchen huldigten, zum christlichen Glauben zu bekehren. Vor allem in die weniger zugänglichen Alpengebiete war das Christentum noch nicht eingedrungen. Severin – er ist später auch der **»Seher von Noricum«** genannt worden – ist im Alter von 70 Jahren in einer Klause gestorben, die unweit des heutigen Wien lag. Beigesetzt wurde er an einem Ort, der mit dem späteren Heiligenstadt ident zu sein scheint.

Mit dem Zusammenbruch des Römischen Reiches, mit dem Ende des Imperiums endete auch die erste Periode der Christianisierung im Gebiete Österreichs. Die zweite ist mit dem Namen **Columban** verbunden, einem Iren, der um **623 in Bregenz ein Kloster gründete**. Irische Mönche sahen damals eine ihrer Hauptaufgaben in der Missionierung Kontinentaleuropas; auch im Wiener Raum waren sie tätig, selbst nach Jahrhunderten sind sie immer wieder zur Unterstützung des heimischen Klerus hier ansässig geworden, irrtümlich meist als Schotten bezeichnet. Schottenkirche, Schottenstift, Schottentor – alles dies zeigt von der Erinnerung an Mönche von der »Grünen Insel«.

Indessen ist in den Provinzen Noricum und Pannonien geopolitisch das geschehen, was fast physikalisch zu erklären ist: Wo sich eine Leere auftut, füllt sie sich wieder. Die banale Erklärung der **Völkerwanderung** ist, dass ein Stamm, ein Volk, eine Gruppe an eine andere stößt und diese ausweicht, gleichsam nach dem Prinzip der Billardkugeln. Es ist das Verdrängungsprinzip der Populationen gewesen, das dazu geführt hat, dass ein Volk nach dem anderen über Österreich hinwegzog. Meist kamen sie aus dem Osten, diese Völker, die sich teilweise mit den Ansässigen vermischten, teils wieder weiterzogen: die Hunnen, die Goten, die Slawen, die Bayern, die Langobarden, die Awaren, später auch die Magyaren. Immer blieb in diesen Jahrhunderten ein Teil der Eroberer im Land der Eroberten zurück. »Jedes Jahr kamen die Hunnen (gemeint waren die Awaren) zu den Slawen, um bei ihnen zu überwintern, und schliefen mit den Frauen und Töchtern der Slawen«, heißt es in einer zeitgenössischen Chronik.

Es war in der Tat eine Wanderung der Völker und sie markiert das **Ende der Antike und den Beginn des Mittelalters**. 500 Jahre haben die Römer auf dem Gebiet des heutigen Österreich geherrscht. In den letzten Jahren des 5. Jahrhunderts räumten sie Noricum. Das war auch das Ende des Weströmischen Reiches.

> 4. Die Völkerwanderung

>	Zeittafel
454	die Hunnen erleiden an der Leitha eine vernichtende Niederlage, das Hunnenreich zerfällt
um 468	Ostgoten siedeln im Bereich der Steiermark und Ostkärntens
490/500	Langobarden besiedeln das nördliche Niederösterreich
nach 550	Bayern sind beiderseits der Enns angesiedelt
nach 560	Awaren dringen von Byzanz her in den österreichischen Raum ein
740	Awareneinfall in Kärnten
788	Herzogtum Bayern wird inklusive der österreichischen Gebiete Bestandteil des Fränkischen Reiches
Um 800	auch im bayerisch-österreichischen Raum Einführung der fränkischen Grafschaftsverwaltung, entlang der Grenze werden die Marken eingerichtet
10. 8. 843	Teilung des Frankenreiches, der österreichische Teil liegt im ostfränkischen Reich
ab 874	breitet sich das Mährische Reich auch auf österreichischem Boden aus
894	Fürst Swatopluk von Mähren stirbt, Niedergang des Großmährischen Reiches
4. 7. 907	Schlacht bei Pressburg
10. 8. 955	Schlacht auf dem Lechfeld
nach 955	Errichtung von Marken durch König Otto I. auf österreichischem Boden: Ottonische Mark
976	Kaiser Otto II. errichtet das Herzogtum Kärnten, erstes Herzogtum auf österreichischem Boden

Österreichs Geschichte kennt mehrere Perioden, die jeweils als Interregnum bezeichnet werden können – Zeiten fehlender Zentralgewalt, aber auch Epochen, in denen der Begriff »Interregnum« wörtlich zu verstehen war. Es fehlte der Rex, es mangelte an einem Fürsten, einem Einzelnen, der regierte. Die Völkerwanderungszeit, auch jene der Völkerstürme, die über das heute österreichische Gebiet hinwegzogen, sind solche Perioden. Die Langobarden, die von der Elbe her kamen, begründeten ein Reich, das um 530 seine größte Ausdehnung erreichte, um alsbald von jenem der Awaren zerstört zu werden. Zwei Jahrhunderte nach dem Hunnensturm zog dieses mongolische Reitervolk erobernd nach Westen, Angst und Schrecken verbreitend, plündernd und raubend, bisweilen auch mordend, und doch nicht ohne eine Spur von Kultur: Die Awaren trugen beispielsweise wertvoll ziselierte Gürtelschnallen aus Gold, verzierten ihre Schwerter mit Edelmetallen, waren kundige Hersteller von Keramikwaren und wussten vor allem auch, was sie an ihren Pferden hatten, denen sie ihren raschen Ritt nach Westen verdankten. Es mag so etwas wie Dankbarkeit gewesen sein, dass sie ihre toten Häuptlinge zusammen mit deren Pferden begruben.

Während von Westen die **Bajuwaren**, die späteren Bayern, gegen Osten vorrückten, drangen von dort die **Slawen** vor. Unter dem Druck der Awaren sind sie in den Alpenraum gewandert und sind schließlich in Karantanien, dem heutigen Kärnten, sesshaft geworden. Von Osten sind später die **Magyaren** in das heutige Österreich vorgedrungen – in das Land, das immer wieder und die ganze Zeit über in der Tat heiß umfehdet, wild umstritten war.

Erst in der Karolingerzeit, genauer: unter der Herrschaft des Frankenkönigs **Karl des Großen**, hat sich wieder eine Zentralgewalt ergeben, die auch Österreich betraf. Die **Kaiserkrönung** König Karls zu Rom im Jahr **800 n. Chr.** war das vielleicht markanteste, aber sicher nicht das wichtigste Ereignis seiner langen Regierungszeit. Die Bayern etwa hatten zum Unterschied von den anderen Völkerschaften bereits Stammesherzöge und wähnten sich deshalb den Franken nahezu ebenbürtig. Karl der Große beendete die Selbstständigkeit dieses Herzogtums und gliederte das Gebiet in das fränkische Großreich mit seiner Hauptstadt Paris ein. Durch die Vernichtung des Awarenreichs andererseits konnte er seine Macht bis an den Plattensee ausdehnen.

46 Jahre lang hat Karl der Große regiert. Nicht nur Gesetz und Ordnung versuchte er aufrechtzuerhalten, sondern auch Beständigkeit seines Reichs. Er wusste, dass diesem die Gefahr stets nur von Osten drohte. Im Inneren festigten Grafen die Reichsorganisation, die Verteidigung nach außen sollten die so genannten Marken garantieren, jene Grenzgebiete, deren Namen sich nicht nur politisch, sondern auch sprachlich bis heute erhalten haben: von Markgraf bis Markstein reicht der Bogen der Wörter, die von alten Begriffen abstammen.

Zwei Marken hat Karl der Große errichtet, die für Österreich damals von Bedeutung waren. Die **Awarische Mark** reichte von der Enns bis zum Wienerwald, die **Karantanische Mark** vom Gebiet südlich der Drau bis Istrien und Norditalien. Die Markgrafen waren Gerichtsherren ebenso wie die militärischen Oberbefehlshaber. Ihre Machtbefugnisse glichen nahezu jenen der Herzöge.

Die Marken, besonders die Awarische, waren indes immer mehr dem Druck der Magyaren ausgesetzt. Diese gehörten dem finnisch-ugrischen Volksstamm an (daher die spätere Bezeichnung Ungarn) und kamen über Russland immer weiter nach Westen. Unter Fürst Arpad setzten sie sich schließlich in der Tiefebene zwischen Donau und Theiss fest.

Die Pannonische Mark, die Grenze des Karolingischen Reichs nach Osten, war indes kaum mehr vorhanden. Die Magyaren konnten ihre Raubzüge bis weit nach Westeuropa ausdehnen, plünderten Kirchen und Klöster, vernichteten oder verschleppten Kunstschätze. Markgraf Luitpold von Bayern versuchte sie zurückzuwerfen. Bei Pressburg erlitten er und sein Bayernheer eine vernichtende Niederlage, die nicht nur ihn, sondern auch zahlreiche Adelige, darunter Erzbischof Dietmar von Salzburg, das Leben kostete. Erst **933** kam für die **Magyaren der Rückschlag**: In der **Schlacht an der Unstrut** (an der sächsisch-thüringischen Grenze) wurden sie besiegt, aber nicht entscheidend. Dies geschah erst am **10. August 955 auf dem Lechfeld** bei Augsburg.

SCHLACHT AUF DEM LECHFELD
10. 8. 955

Ein vereintes deutsches Heer unter Führung König (später Kaiser) Otto I. schlug auf dem LECHFELD VOR AUGSBURG die Magyaren vernichtend. Im Juli fielen sie in Bayern ein, Otto I. gelang es innerhalb kürzester Zeit, ein schlagkräftiges Herr auf die Beine zu stellen, indem er die Magyaren als die Feinde Gottes und des Christentums darstellte. Mit dem Sieg ist die Ungarngefahr endgültig gebannt. Diese ziehen sich auf Dauer in die Ungarische Tiefebene zurück.

Karl der Große lag zu dieser Zeit längst in seinem Grab zu Aachen. Die Zeit der Karolinger war durch die Ottonen abgelöst worden, die Karolingischen Marken durch die Ottonischen. Für Österreich war die Ottonische Mark die wichtigste – sie war der Beginn der Eigenstaatlichkeit, sicherte die Reichsgrenze wieder gegen Osten und reichte ursprünglich von der Enns bis zur Traisen.

Allein, Grenzgebiete – und auch die **Ottonische Mark** war eines – sind, selbst wenn sie gesichert scheinen, noch immer voll Unruhe. Noch zu Beginn des 11. Jahrhunderts wurde der irische Pilger und Missionar **Koloman**, der aus dem »Ausland« kam und nach Westen wollte, von der Bevölkerung für einen slawischen Spion gehalten, gefoltert und gehenkt.

> 5. Die Babenberger

>	Zeittafel
21. 7. 976	Kaiser Otto II. belehnt Leopold I. mit der Markgrafschaft zwischen Enns und Traisen
984	wahrscheinlich Verlegung des Sitzes der Markgrafen von Pöchlarn nach Melk
1. 11. 996	erste urkundliche Erwähnung von Ostarrichi
1012–1035	Adalbero von Eppenstein verwaltet als Herzog von Kärnten auch die steirischen Grafschaften
12. 5. 1082	Schlacht bei Mailberg, Niederlage Markgraf Leopolds II. gegen die Böhmen
um 1113	Klosterneuburg wird Residenz
1139	Markgraf Leopold IV. wird Herzog von Bayern
um 1150	Wien wird Residenz
8. 9. 1156	Privilegium minus, Heinrich II. verzichtet auf Bayern und erhält dafür die Herzogswürde und einige andere Sonderrechte für Österreich
1180	Steiermark wird selbstständiges Herzogtum
17. 8. 1186	Georgenberger Handfeste, Erbvertrag zwischen dem Herzog der Steiermark und den Babenbergern; dadurch fällt
1192	nach dem Tod des letzten Traungauers die Steiermark an Österreich
21. 12. 1192	König Richard I. Löwenherz wird in Erdberg bei Wien gefangen genommen
29. 4. 1233	Herzog Friedrich II. erwirbt Krain
15. 6. 1246	Herzog Friedrich II. stirbt bei siegreicher Schlacht an der Leitha bei Wiener Neustadt gegen die Türken; es gibt keinen männlichen Nachkommen der Babenberger

Als Österreich im Dunkel des Mittelalters Konturen annahm, war es von Bayern nicht zu trennen. Es existierte fast so etwas wie ein Zwillingsdasein zwischen beiden Staatsgebilden, das im Übrigen bis in die neueste Zeit herüberreichte, und zwar nicht nur, was die Sprache, das mit dem Österreichischen so eng verwandte Süddeutsch-Bajuwarische, betrifft. Selbst noch 1945 schwebte vor allem dem damaligen britischen Premierminister Winston Churchill im Zusammenhang mit einer Neuordnung Europas die Bildung eines süddeutsch-österreichischen Staates vor, der Bayern und Österreich umfassen und Wien als Hauptstadt haben sollte. Der Plan wurde bald verworfen, obgleich er, was die Alliierten nicht wussten, historisch durchaus hätte begründet werden können.

Kamen doch die **Babenberger**, die in Österreich von **976 bis 1246** regierten, aus Bayern und war doch einer ihrer Bekanntesten und Berühmtesten Heinrich II., zuerst Herzog von Bayern, bis ihn König Konrad III. zum Herzog von Österreich machte – und Heinrich dafür Bayern aufgab. Er soll jeden Satz mit den Worten »Ja so mir Gott helfe« geschlossen haben, weshalb man ihn »Jasomirgott« nannte. Freilich erst viel später; die Bezeichnung ist erst im 15. Jahrhundert aufgetaucht.

Es war nicht der einzige Name, den man einem Mitglied des Markgrafen-Geschlechtes erst gab, nachdem dieses längst an der Macht – sprich: an der Regierungsgewalt – war. Selbst die Bezeichnung »Babenberger« ist erst von **Bischof Otto von Freising**, einem Sohn des Markgrafen Leopold IV., »erfunden« worden. Dieser Bischof, der, wie es heißt, größte deutschsprachige Geschichtsschreiber des Mittelalters, hat jene Grafenfamilie, die die östliche der von Kaiser Otto I. geschaffenen Grenzmark regierte, gewissermaßen umgetauft. Die Babenberger haben sich selbst nie Babenberger genannt, ihr Stammvater hieß vielmehr Poppo von Grabfeld. Seine Nachfahren waren die Popponen und auch mit Bamberg hatte »Babenberg«

nichts zu tun. Sind die Babenberger also, wie mannigfach behauptet wird, Früchte einer Fälschung? Sicher ist jedenfalls, dass die Beinamen, die sie erhielten, erst viel später aufgetaucht sind. Sie waren klingend, aber erfunden. Vom ersten, **Luitpold dem Erlauchten** bis zu **Friedrich dem Streitbaren**, dem letzten Babenberger.

DIE BABENBERGER

976–1246

976–994	Leopold I., der Erlauchte
994–1018	Heinrich I., der Starke
1018–1055	Adalbert der Siegreiche
1055–1075	Ernst der Tapfere
1075–1095	Leopold II., der Schöne
1095–1136	Leopold III., der Heilige
1136–1141	Leopold IV., der Freigebige
1141–1177	Heinrich II. Jasomirgott
1177–1194	Leopold V., der Tugendhafte
1195–1198	Friedrich I., der Katholische
1198–1230	Leopold VI., der Glorreiche
1230–1246	Friedrich II., der Streitbare

Ihre Geschichte war eine kaiserlicher Wirren und bischöflicher Machtsuche, eine des Streits zwischen der höchsten geistlichen und der höchsten irdischen Gewalt. Auch die Babenberger haben sich von diesen Kämpfen nicht fern halten können, die im so genannten **Investiturstreit** zwischen **Papst Gregor VII.** und **Kaiser Heinrich IV.** ihren Höhepunkt fanden – jenem Streit, der um die Frage ging, welche Macht sich der anderen unterzuordnen hätte, die weltliche oder die geistliche, und welche demnach auch das Recht habe, Bischöfe einzusetzen. Es ist der Babenberger **Leopold II., der Schöne** (auch diesen Beinamen hat er erst lange nach seinem Tod erhalten) gewesen, der, weil er für den Papst Partei nahm, vom Kaiser abgesetzt wurde. Dass er trotzdem Markgraf blieb, hat nicht nur seine Zeitgenossen, sondern auch die Historiker verblüfft.

Es ist nicht leicht, die Geschichte der Babenberger zu erzählen, ohne sich im Gestrüpp der deutschen Kaiser und im

Dschungel der Geschichte des europäischen Mittelalters zu verirren. Die Reihe der im späteren Österreich herrschenden Markgrafen bildet indes einen roten Faden, der das Werden dieses Landes zu verstehen hilft. **Otto II.** hat **976** den ersten »Babenberger« kreiert, einen bayerischen Adeligen, der sich auch Otto I. gegenüber stets loyal verhalten hatte und dem dieser deswegen die **»Mark im Osten«** (nicht zu verwechseln mit der Ostmark, diese wurde erst im 20. Jahrhundert »geschaffen«) anvertraute. Es war der bereits erwähnte Luitpold (oder Leopold) I. Er dürfte zuerst in Pöchlarn (dem »Bechelaren« des Nibelungenlieds) residiert haben, später in Melk. Schritt für Schritt verlegten dann die späteren Babenberger ihre Residenzen nach Osten zu, bis sie von Klosterneuburg und zuletzt von Wien aus regierten. Schritt für Schritt haben sie demnach auch ihren Herrschaftsbereich nach Osten ausgedehnt. Dazwischen haben sie dennoch Zeit gehabt, auch an Kreuzzügen teilzunehmen – der für Österreich berühmteste war jener, in dessen Verlauf Leopold V. zweimal im Mittelpunkt von historischen Ereignissen stand, die sich später teilweise als Legenden entpuppten. Einerseits hielt sich hartnäckig die Geschichte vom Blutbad bei der **Erstürmung von Akkon**, das dazu führte, dass Leopolds Waffenrock vom Blut rot gefärbt war. Nur dort, wo der Leibriemen das Gewand zusammenhielt, zeigte sich nachher ein weißer Streifen – Grund genug, um Österreichs **Nationalfarben Rot-Weiß-Rot**, ursprünglich als Bindenschild geschaffen, für alle Zeiten festzuhalten.

Das zweite legendenumrankte Ereignis war die **Inhaftierung des englischen Königs Richard Löwenherz** auf der Burg Dürnstein. Unwahr ist alles, was mit dem Sänger Blondel und der zu Herzen gehenden Geschichte rund um die Erkennungsmelodie zu tun hat: Es wird berichtet, dass dieser Knappe vom König, der bereits auf der Burg in Haft saß, erkannt wurde, weil diesem die vom Sänger gespielte Melodie bekannt vorkam. Ein letzter Getreuer war also auf der Spur seines Herrn – erzählte man. In Wirklichkeit spielte sich die Geschichte ganz anders ab: Der Engländer soll in Akkon ein Feldzeichen Leopolds vom Turm gerissen und geschändet haben – die Gründe sind unbekannt. Aber auch eine zweite Untat wurde ihm vorgeworfen. Er soll einen Mörder angestiftet haben, den Kreuzfahrer Konrad von Monferrat zu erdolchen. Beides genügte: Er musste verkleidet fliehen. In der oberen Adria erlitt er bei Aquileia Schiffbruch und floh zu Fuß bis nach Österreich, wo er erkannt und verhaftet wurde. Leopold V. lieferte ihn dem Kaiser aus und kassierte einen Teil des Lösegelds, womit er unter anderem die Stadtmauern um Wien erneuerte und Wiener Neustadt gründete.

Zu diesem Zeitpunkt war jenes Land längst Herzogtum, das **996 erstmals seinen Namen** erhielt – oder jedenfalls beim Namen genannt wurde. Tag der Namensgebung war der 1. November dieses Jahres und Anlass war eine Schenkungsurkunde, die bestätigte, dass Kaiser Otto III. der bischöflichen Kurie in Freising 30 »Königshufen« in Neuhofen an der Ybbs schenkte – in einem Landstrich, der »vulgari vocabulo **Ostarrichi**« genannt wurde. Ostarrichi – also Österreich, vom Volk – »vulgari vocabulo« – so genannt. Der Name ist bis heute geblieben.

Klein muss es gewesen sein, dieses Ur-Österreich, sehr klein. Die 30 Hufen würden heute einer Fläche von 1000 Hektar entsprechen. Es ist zwar nicht gesagt, dass der Ostarrichi genannte Landstrich, die von Otto III. geschenkte Gegend, nicht doch größer war, aber das, was wir heute von dem Gebiet und dessen Namen wissen, dürfte tatsächlich nur das Land um Neuhofen gewesen sein.

Kaiser Otto III., der Schenker, war eine der interessantesten Persönlichkeiten in der langen (und wirren) Reihe deutscher Könige und Kaiser – deshalb ist er auch einige Zeilen in diesem Buch wert. Ganz jung ist er gestorben, dieser Sohn Ottos II. – er wurde nur 22 Jahre alt. Er war Kaiser, als das erste ins zweite Jahrtausend übertrat, war Monarch der ersten Jahrtausendwende seit Christi Geburt, musste erleben, wie die Menschen angsterfüllt auf die Berggipfel flohen, weil sie das Ende der Welt erwarteten. Viele schenkten ihr Hab und Gut der Kirche, um sich rechtzeitig einen Platz im Himmel zu erobern. Als dann nichts geschah (so wie auch, trotz aller Nervosität, zum Jahreswechsel 1999/2000), verlangten sie Schmuck, Gold und Geld zurück. Vergeblich.

Otto III. hat die Jahrtausendwende nur um zwei Jahre überlebt, er starb 1002. Er war nicht nur gleichsam der Taufpate Österreichs, er hatte sich auch in den Kopf gesetzt, Rom zum nicht nur religiösen, sondern auch politischen Mittelpunkt der abendländischen Welt zu machen, eine »Renovatio« vorzunehmen, eine Wiedergründung des Weltreichs, das in diesem Fall – die Welt war für ihn Europa – den ganzen Kontinent umfassen sollte. Dass viele Jahrhunderte später die Ewige Stadt abermals – nämlich durch die so genannten Römischen Verträge – zum Kristallisationspunkt einer europäischen Einigung werden sollte, gehört zu jenen Zufällen, zu jenen Unwägbarkeiten der Weltgeschichte, die von den Historikern ganz zu Unrecht meist übersehen werden.

Es hat weniger Mord und Totschlag unter den Babenbergern gegeben als in anderen europäischen Fürstengeschlechtern, es gab nur wenig tödliche Turniere und kaum Giftanschläge. Es gab Perioden von Frieden und Wohlstand, ökonomischer Erholung und Zufriedenheit im Volk – soweit man dies von heutiger Warte und unserem Wissen nach beurteilen kann. Arm und Reich, Ritter und Bauern, Grundherren und »Hintersassen« nützten den gleichen Komfort, nämlich gar keinen. Kienspäne und rauchende Kamine, gleiche Kost für alle, Krankheiten, die man als von Gott geschickt annahm (die Lebenserwartung betrug mit wenigen Ausnahmen 35 Jahre) – man kannte nichts anderes und nahm hin, was das Leben schenkte.

Da war etwa **Leopold III., »der Heilige«**, wie er später genannt wurde. Er regierte 41 Jahre lang. Seine Frau Agnes, die Schwester Kaiser Heinrichs V., gebar ihm 18 Kinder. Der Legende nach soll er das Stift Klosterneuburg gegründet haben – an dem Ort, an dem er den Brautschleier wieder fand, der neun Jahre früher, als Agnes auf dem Söller der Burg stand, vom Wind vertragen worden war. In Wahrheit ist Klosterneuburg von Leopold II. gegründet worden; die **Legende vom Schleier der Agnes** hat sich indes bis heute gehalten.

Da war aber auch der erste österreichische Herzog, **Heinrich Jasomirgott**, von ihm war schon die Rede. Er gab Bayern auf, worauf Kaiser Friedrich I. Barbarossa die Markgrafschaft Österreich 1156 beim Fürstentag in Regensburg zum Herzogtum erhob. Nach strengem Zeremoniell übergab Heinrich dem Kaiser sieben Fahnen, symbolhaft auf Bayern verzichtend, worauf Friedrich Barbarossa diese dem neuen bayerischen Herzog Heinrich dem Löwen überreichte. Heinrich Jasomirgott erhielt seinerseits zwei Fahnen. Er war nun der erste Herzog von Österreich. Das **»Privilegium minus«** schrieb die neue Rechtslage fest, mit allen Konsequenzen, auch mit jener der Erbfolge, die nun auch für weibliche Nachkommen galt.

Unter Heinrichs Regierung wurde **1147** mit dem **Bau der Stephanskirche** begonnen, unter seiner Herrschaft hat sich Wien, damals bereits Residenz des Herzogs, zur Hauptstadt entwickelt – »Metropolitana« des Territorium Austria, das aus dem ursprünglichen Ostarrichi geworden war. Der Herzog starb 1177 – ein Opfer mangelnder medizinischer Versorgung, wie es zu dieser Zeit nicht ungewöhnlich war. Als 63-Jähriger überlebte er einen Schenkelhalsbruch nicht.

Sein Sohn **Leopold V.** war jener Herzog, der bei Akkon kämpfte und Richard Löwenherz gefangen hielt. Man nannte ihn eigentlich zu Unrecht den »Tugendhaften« – hatte er doch für die Freilassung Richards jenes Lösegeld erpresst, das er dann Kaiser Heinrich VI., dem Anstifter, zum Großteil weitergab.

Leopold V. war seit 1192 nicht nur Herr in Österreich, sondern auch in der Steiermark. Dieses Gebiet, ursprünglich Teil des Herzogtums Kärnten, war seit 1180 gleichfalls unter Friedrich Barbarossa zum Herzogtum geworden. Ottokar IV., der letzte steirische Herzog, war unheilbar krank, ihm schien es mangels eigener Nachkommen geboten, sein Herzogtum mit dem österreichischen zu vereinigen. Auf dem Sankt-Georgen-Berg bei Enns trafen Leopold V. und Ottokar einander um einen Erbvertrag zu schließen, die **»Georgenberger Handfeste«**, wie sie später genannt wurde: Wer Herr in Österreich sei, solle es auch in Steiermark sein. Dies geschah 1192. Ottokar starb und Kaiser Heinrich VI. übertrug das Herzogtum Steiermark auf Leopold V., der nun in beiden Ländern herrschte.

Für Wien ist indes **Leopold VI., »der Glorreiche«**, der wichtigste Babenberger seit Heinrich Jasomirgott gewesen. Ein großer Finanz- und Wirtschaftsfachmann, machte er die Donaustadt reich und zu einem Handelszentrum, ließ das Stadtgebiet erweitern, begann mit dem Bau des Kerns der späteren Hofburg. Er war zudem einer der angesehensten Fürsten Europas, der sogar in einem Streit zwischen dem zumeist in Apulien residierenden Kaiser Friedrich II. und Papst Gregor IX. vermittelte. Er starb in Cassino, wo er an einer Verhandlung zwischen Papst und Kaiser teilgenommen hatte. Sein Leichnam wurde über die Alpen nach Österreich heimgeführt; er liegt heute im Stift Lilienfeld begraben.

Langsam ging die Babenbergerzeit zu Ende, eine Zeit, die nicht zuletzt auch durch Kunst und Kultur bemerkenswert war. In den Klöstern und Domschulen wurden klassische Autoren gelesen, die Klosterkirchen – die älteste ist jene von Lilienfeld – waren Stein gewordene Zeichen des Glaubens. Der

Minnesang erlebte seine Höhepunkte in Österreich durch Dichter wie Neidhart von Reuenthal, Walther von der Vogelweide, Ulrich von Liechtenstein und zeitweilig auch Tannhäuser. Aber es stimmt auch für diese Endzeit, was immer wieder gesagt wird: dass, wenn die Sonne untergehe, die Schatten am längsten seien und dass in der Abenddämmerung das Licht am schönsten sei.

DAS PRIVILEGIUM MINUS

17. 9. 1156

Das PRIVILEGIUM MINUS räumte dem Babenberger HEINRICH JASOMIRGOTT Rechte ein, die weit über das bisher im Reich Übliche hinausgingen. Anlass dafür war, dass er auf Bayern verzichtete. Im Gegenzug wurde seine Mark in ein Herzogtum umgewandelt, das Erbrecht auf weibliche Nachfolger ausgedehnt, die ausschließliche Gerichtsbarkeit für den Herzog in seinem Amtsbereich ausgesprochen. Der Herzog musste nur an Reichstagen in Bayern teilnehmen und war nicht verpflichtet, sich an Reichskriegen zu beteiligen, außer sie trugen sich in einem an Österreich angrenzenden Land zu. Damit erhielt Österreichs Herzog im Vergleich zu den anderen Landesherren im Reich die größte Selbstständigkeit.

Friedrich II., genannt **»der Streitbare«**, war der letzte Babenberger. Er erlebte den Sturm der Mongolen, die bis Wiener Neustadt und Klosterneuburg kamen. Er erlebte aber auch die Verlockung des Kaisers Friedrich II., der ihm versprach, ihn zum König von Österreich zu machen, falls er die Nichte des Herzogs, Gertrud, heiraten könne: seine Absicht war, das Herzogtum Österreich seinem Land zuzuschlagen, falls der streitbare Friedrich kinderlos sterben sollte. Die Hochzeit sollte in Verona stattfinden – es kam nie dazu, weil die Braut nicht erschien.

Friedrich der Streitbare starb in einer Schlacht gegen die Ungarn, die über die Leitha nach Wien vordringen wollten, um den ungarischen Kronschatz zurückzuholen. Über seinen Tod gibt es verschiedene Versionen: War es ein Pfeil, war es eine Lanze, war es ein Dolch? Der Streitbare wurde 35 Jahre alt. Sein Grab befindet sich im Stift Heiligenkreuz im Wienerwald.

> 6. Das Interregnum und Rudolf I. von Habsburg

>	Zeittafel
1246–1251	Interregnum in Österreich
1251	König Přemysl Ottokar II. von Böhmen setzt sich als »Landesfürst« in Österreich durch
3. 4. 1254	Friede von Ofen, die Steiermark fällt an Ungarn
12. 7. 1260	Schlacht von Kroissenbrunn, Böhmen besiegt Ungarn
31. 3. 1261	erster Friede von Wien, die Ungarn treten endgültig die Steiermark ab
27. 10. 1269	der letzte Spanheimer stirbt, dadurch fallen Kärnten und Krain an Přemysl Ottokar II. von Böhmen
14. 7. 1271	zweiter Friede von Wien, König Stephan V. von Ungarn erkennt die Herrschaft Ottokars über Kärnten und Krain an
1. 10. 1273	Graf Rudolf I. zum deutschen König gewählt
24. 6. 1275	König Přemysl Ottokar II. von Böhmen werden die babenbergischen und die spanheimischen Länder und Besitzungen abgesprochen
1276	König Rudolf zieht gegen Wien und besiegt Ottokar, der mit Böhmen und Mähren belehnt wird
26. 8. 1278	Schlacht bei Dürnkrut und Jedenspeigen (Marchfeld), Ottokar stirbt und Rudolf kann sich endgültig durchsetzen
15. 7. 1291	Rudolf I. von Habsburg stirbt auf dem Weg nach Speyer

Interregnum: Zwischenherrschaft, wenn man es wörtlich nimmt. Zwischenherrschaft in der Tat: in Deutschland, auch in Österreich. Im Reich war es »die kaiserlose, die schreckliche Zeit«. Scheinkönige und Gegenkönige traten einander, vulgär ausgesprochen, auf die königlichen Zehen. Da gab es den Grafen **Wilhelm von Holland** (er verunglückte mit seinem Pferd im Sumpf und wurde erst viele Jahre später gefunden), da war **Alfons X. von Kastilien**, da war sogar ein Engländer, **Graf Richard Cornwallis**, und alle nannten sich **deutsche Könige**. Der letzte von allen Anerkannten dieser Könige war Friedrich II. gewesen – er aber hielt sich meist in Italien auf, ebenso wie sein Nachfolger Konrad IV. Friedrichs Enkel Konradin war gar als 16-Jähriger enthauptet worden. Die Landesfürsten wieder hingen dem einen, dann wieder dem anderen an, Ordnung und Gesetz galten nicht mehr.

Dass sich auch um das Erbe des letzten Babenbergers ein Streit entspann, war demnach nur selbstverständlich. Friedrich II. war 1246 gefallen. Der Kaiser setzte für die Herzogtümer Österreich, Steiermark und Krain vorerst einen Statthalter ein. Die Schwester des kinderlos gestorbenen letzten Babenbergers, **Margarete von Österreich**, wollte daraufhin die Herrschaft über die verwaisten Herzogtümer übernehmen, aber auch ihre **Nichte Gertrud** – jene, die seinerzeit den Kaiser nicht hatte heiraten wollen – meldete ihren Anspruch an. Die österreichischen Adeligen wieder lehnten es ab, eine Frau auf dem Thron zu sehen, erklärten sich aber bereit, einen Herrscher zu akzeptieren, der mit einer Verwandten Friedrichs des Streitbaren verheiratet sei.

König **Wenzel I. von Böhmen** sah seine Chance – sein Sohn Wladislav, Markgraf von Mähren, heiratete die erwähnte Gertrud, die ja Nichte des letzten Babenbergers war. Die Bedingung, die Herzogtümer sollten einem Verwandten Friedrichs anheim fallen, war somit erfüllt – aber kurz nach der

Hochzeit starb Wladislav. Ermordet? Krank? Gertrud heiratete ein zweites Mal, und zwar den Markgrafen Hermann von Baden. Dieser regierte von Klosterneuburg aus, aber ebenfalls nur kurz: Er starb genauso plötzlich wie sein Vorgänger, und zwar an Gift.

Der Böhmenkönig Wenzel gab nicht auf – er hatte ja noch einen zweiten Sohn, Ottokar II., 23 Jahre alt. **1252** heiratete dieser Friedrichs Schwester Margarete, eine 47-Jährige. Die Landesfürsten und auch der Papst, der ursprünglich gegen diese Heirat gewesen war, stimmten ein – Altersunterschiede spielten keine Rolle, solange die Politik mitwirkte. Im selben Jahr noch wurde das **Herzogtum Österreich an Ottokar und Margarete** übergeben.

König Ottokars Glück und Ende – wann begann sein Glück, wann sein Ende? Franz Grillparzer hat negativ geschildert, was im Grunde jedenfalls zeitweilig und jedenfalls für Österreich, im Besonderen für Wien, ein Glück gewesen ist. 1253 wurde Ottokar auch König von Böhmen, 26 Jahre lang regierte er in Österreich, ab 1269 »besaß« er auch Kärnten. War er so hochmütig, wie Grillparzer schrieb? Er war ehrgeizig, zugegeben, und er war vielleicht auch rücksichtslos. Aber die Wiener nannten ihn den »goldenen König« – es ging ihnen gut unter Ottokars Herrschaft.

Seine Frau Margarete war zu alt, um noch Kinder zu bekommen. Im Mittelalter aber war es wichtiger, Erben in die Welt zu setzen, als Gattenliebe. Ottokar ließ sich nach neunjähriger Ehe scheiden und heiratete die junge Kunigunde, die Enkelin des Ungarnkönigs Bela IV. War diese böse, war Margarete – als Ottokar sich mit Einwilligung des Papstes scheiden ließ, ist sie 56 gewesen – die gute, verschmähte, beleidigte Königin? Hat Grillparzer falsche Quellen benützt?

Zurück zum deutschen Interregnum, zu den Wirren um die Könige und Gegenkönige im Reich. Sie sollten durch die Wahl eines endgültig von allen anerkannten Königs, der auch römischer Kaiser werden würde, beendet sein. Die Kurfürsten, zur Wahl berechtigt, traten zusammen – einer fehlte. Zur »Kur« waren drei Erzbischöfe, jene von Mainz, Köln und Trier, und vier weltliche Fürsten berechtigt: der Markgraf von Brandenburg, der Herzog von Sachsen, der Pfalzgraf »bei Rhein« und der König von Böhmen. Dieser, Ottokar II. Přemysl, hielt sich gerade in Ungarn auf und ließ sich vom Herzog von Bayern vertreten. Es war dies ein Beweis der Tatsache, die so oft in der Geschichte, in der Außen- wie in der Innenpolitik, vorkommt. Wer ein Amt haben möchte, darf nicht im entscheidenden Augenblick fern vom Ort der Entscheidung sein. Ottokar hielt sich selbst für den geeignetsten deutschen König und Kaiser. Dass die Kurfürsten dann nicht ihn, sondern einen anderen wählten, erzürnte ihn – und war der Beginn seines Endes.

Das Interregnum zu beenden war freilich nicht leicht. Das Wahlgremium wollte vorerst einmal einen **König küren**, der gleichsam »gefahrlos« sein sollte, weise, aber nicht zu jung, besitzend, aber nicht zu mächtig. Sie wählten schließlich **1273** einen bis dato unbedeutenden, unbekannten 55-jährigen Grafen, vermögend und in seinem südwestdeutschen Territorium erfolgreich, aber, wie es schien, nur ein Übergangsmonarch: **Rudolf von Habsburg**. Irren ist menschlich und offenbar auch fürstlich: Rudolfs Geschlecht sollte mehr als 600 Jahre lang im zeitweilig mächtigsten Reich Europas herrschen.

Ottokar war enttäuscht, mehr noch: Er war wütend. Der Grimm führte zu kriegerischen Auseinandersetzungen. Die erste endete verhältnismäßig friedlich. Vor den Mauern von Wien huldigte der König von Böhmen dem neuen deutschen König und verzichtete feierlich auf Österreich, die Steiermark und Kärnten, worauf ihn Rudolf mit Böhmen und Mähren belehnte. Der Frieden dauerte nicht lange, die Wiener trauerten der böhmischen, der goldenen Zeit nach, lehnten die »Schwaben« ab, und da Ottokar meinte, dass die Zeit für ihn arbeite, zog er erneut gegen Wien. Zwei Heere standen einander gegenüber, zwei Ideen prallten aufeinander: jene, die einen großen Donauraum vor sich sah, und jene, die den österreichisch-bayerischen vor Augen hatte.

Am **26. August 1278** kam es zur **Schlacht auf dem Marchfeld**, genauer: der Schlacht bei Dürnkrut und Jedenspeigen. Ottokar verlor – nicht nur die Schlacht, sondern auch das Leben. Er ist, heißt es, eigentlich einem Rachemord zum Opfer gefallen – insofern hat Franz Grillparzer die Szene richtig geschildert. Es dürfte eine Adelsgruppe gewesen sein, die Ottokar aus Rache niedergehauen hat. Ob es eigene Böhmen waren oder Angehörige von Rudolfs Heer, wissen wir nicht. Faktum ist, dass der ungarische König Ladislaus den Todestag Ottokars zum Feiertag machte. Faktum ist andererseits auch, dass Rudolf in einem Brief an den Papst die Tapferkeit des Böhmenkönigs rühmte.

RUDOLF VON HABSBURG

1. 5. 1218–15. 7. 1291

Rudolf wird als der Stammvater des Hauses Habsburg bezeichnet. Er hatte reiche Besitzungen in der nordwestlichen Schweiz und am Oberrhein. Am 1. Oktober 1273 wurde er von den Kurfürsten des Reichs zum König gewählt, damit endete auch das Interregnum. Nachdem er seinen Gegenspieler Ottokar II. bei der Schlacht auf dem Marchfeld am 26. August 1278 besiegen konnte, belehnte er seine Söhne mit den österreichischen Ländern: Beginn der Habsburgerherrschaft in Österreich. Auf dem Weg nach Speyer starb er im Alter von 73 Jahren.

Rudolf von Habsburg ist 73 Jahre alt geworden. Ob er seinen Namen von der »Habichtsburg« bezogen hat, einem Schweizer Schloss im heutigen Kanton Argau, ist nicht schlüssig bewiesen. Dass die Habsburger aus der Schweiz oder Südwestdeutschland stammen, ist freilich sicher. Dass sie Österreich durch Höhen und Tiefen geführt haben, ist bekannt. Babenberger und Habsburger waren die beiden Eckpfeiler, auf denen die österreichische Geschichte bis 1918 ruhte.

Der erste Habsburger ritt selbst zu seiner Begräbnisstätte, dem Dom von Speyer: »Zu den anderen hin will ich, hin nach Speyer, wo viele meiner Vorgänger liegen, die auch Könige waren. Und dass man mich nicht hinbringen muss, will ich selbst zu ihnen geritten kommen.« Seine Grabplatte zeigt einen alten Herrn mit faltendurchfurchtem Gesicht und gerunzelter Stirn. Es ist, heißt es, ein Porträt, dessen Ähnlichkeit als Unikat dieser Zeit gewertet werden kann.

> 7. Die Frühzeit der Habsburgerherrschaft

>	Zeittafel
1282	die beiden Söhne Rudolfs, Albrecht und Rudolf, werden mit Österreich, Steiermark und Krain belehnt.
1283–1297	Albrecht wird alleiniger Landesherr, er kann sich gegen Aufstände der Stadt Wien (1287) sowie des steirischen (1292) und österreichischen Adels (1295) durchsetzen
1298	Albrecht I. kann sich gegen Adolf von Nassau als deutscher König durchsetzen
12. 11. 1298	Albrecht I. belehnt seine drei Söhne gemeinsam mit den Herzogtümern Österreich und Steiermark
1. 5. 1308	König Albrecht I. von Habsburg wird von seinem Neffen Johann Parricida ermordet
19./20. 10. 1314	Königsdoppelwahl im Reich: Friedrich I. von Habsburg und Herzog Ludwig IV. von Oberbayern
28. 9. 1322	Schlacht von Mühldorf
13. 1. 1330	nach dem Tod Herzog Friedrichs I. wird sein Bruder Albrecht II. Herzog von Österreich und Steiermark
5. 5. 1335	die Habsburger übernehmen die Herrschaft in Kärnten, Krain und Südtirol
20. 7. 1358	Herzog Rudolf IV., der Stifter, tritt nach dem Tod Albrechts II. die Regierung an
1358/59	»Privilegium maius«
26. 1. 1363	Gräfin Margarete Maultasch übergibt in Bozen die Herrschaft Tirols an Herzog Rudolf IV.
1365	der Bau des gotischen Stephansdoms wird begonnen
12. 3. 1365	Herzog Rudolf IV. gründet in Wien die zweite deutsche Universität

Was wäre gewesen, wenn …? Die Frage, die natürlich völlig unhistorisch ist und von allen Geschichtswissenschaftlern vehement abgelehnt wird – diese Frage wird sich im Verlauf der Geschichte Österreichs noch wiederholt stellen. Was wäre gewesen, wenn etwa König Ottokar in dieser Schlacht von Jedenspeigen und Dürnkrut, die angeblich die größte Ritterschlacht des Mittelalters gewesen war, die Oberhand behalten hätte? Wäre dann seine Idee einer Donaumonarchie realisiert worden? Wir wissen es nicht. Wir wissen auch nicht, wie es dann mit den Habsburgern bestellt gewesen wäre. Noch eine Frage drängt sich auf, und dies viele hundert Jahre später: Reichen die historischen Wurzeln der Aversion zwischen Österreichern und Tschechen bis nach Jedenspeigen?

Das Konzept **Albrechts I.**, Rudolfs Sohn, war ein anderes, wenngleich es Ottokars Vision bis zu einem gewissen Grad modifiziert hatte. Es ähnelte jenem, das dann im 18. und 19. Jahrhundert verwirklicht wurde: Er wollte als König ein österreichisch-ungarisch-böhmisches Reich schaffen. Aber die Kurfürsten entschlossen sich anders, ihnen war Albrecht allzu kraftstrotzend; immerhin hat ihm seine Frau 21 Kinder geboren. Nichts da, keine Chance für eine so zahlreiche Dynastie: Man wählte **Adolf von Nassau**. Dieser, kaum gekürt, zeigte seine Macht so deutlich, dass er prompt wieder abgesetzt wurde. Jetzt kam Albrecht zum Zug. Er marschierte gegen seinen Vorgänger, es kam wieder einmal zur **Schlacht**, Adolf fand den Tod. Man schrieb das Jahr **1298**.

Es war um die Wende vom 13. zum 14. Jahrhundert, als abseits von Feldzügen und Schlachten, abseits von königlichen und herzöglichen Eifersüchteleien, abseits auch vom Versuch der Großdynastien, den Wittelsbachern und den Habsburgern, ihre jeweilige Macht zu festigen, die wichtigsten **Städtegründungen** erfolgten. Das städtische Bürgertum gewann zusehend an Bedeutung, eine allererste Industrialisierung entstand, das

Elend der Bauern linderte sich, die Mode wurde bunter. Die Beinamen der Fürsten und Könige gewannen wieder an Originalität, der älteste Sohn Albrechts I., **Friedrich der Schöne**, herrschte in Österreich und der Steiermark, sein Bruder **Leopold der Glorwürdige** war Herr in den Vorlanden, den alten habsburgischen Besitzungen im Elsaß, in Schwaben und der heutigen Schweiz. Der Vater der beiden Herzöge, der kräftige Albrecht, war indessen einem Mord zum Opfer gefallen, der sogar in Schillers »Wilhelm Tell« erwähnt wird. Er wurde von seinem Neffen Johann von Schwaben erdolcht: von **Johann »Parricida«**, dem Vatermörder, wie er genannt wurde.

Zwei Namen gibt es, die in dieser Zeit die Geschichte dominieren. Friedrich ist der eine: Von Friedrich Barbarossa und Friedrich II., Friedrich (Friedl) mit der leeren Tasche und Friedrich dem Schönen (wieder ein Gegenkönig), der eine Zeit lang auf der Burg Gutenstein als Gefangener Kaiser Ludwigs des Bayern festgehalten wurde, bis zu Friedrich III. reicht die Reihe der Friedriche.

DAS PRIVILEGIUM MAIUS

1358/59

Das Privilegium maius ist ein Komplex österreichischer »Freiheitsbriefe«, welche komplett inklusive Abschriften und erfundener Urkunden von Julius Caesar und Kaiser Nero gefälscht waren. Alte Vorrechte des Herzogtums Österreich sollten darin nachgewiesen werden, weitaus umfangreicher, als sie das PRIVILEGIUM MINUS enthielt. Unter anderem nannte sich Rudolf jetzt »Archidux« – der Titel »Erzherzog« ist seither in Österreich gebräuchlich. Weiters ließ sich der Auftraggeber Rudolf der Stifter folgende Rechte verbriefen: Erblichkeit des Lehens, Befugnis des Tragens einer Königskrone, Unteilbarkeit der österreichischen Länder.

Der zweite Name ist Rudolf. Der erste Habsburger hieß so, dessen Sohn, der jüngere Bruder Albrechts I., war auf diesen Namen getauft worden – der bekannteste aber war **Rudolf IV., der Stifter** genannt. Er ist nur 26 Jahre alt geworden, ist 1365 gestorben, war von schwacher Gesundheit, aber nach Rudolf I.

jener Herrscher, dem Österreich zu dieser Zeit am meisten zu verdanken gehabt hat. Sein Porträt zeigt einen Menschen, dem die Krankheit gleichsam aus den Augen blickt, bleich, mit leicht schiefem Mund, einer, dem die Herzogskrone, die er trägt, nicht zu passen scheint – vielleicht deswegen, weil sie der Kaiserkrone aufs Haar ähnelte.

Rudolf ist der erste Landesfürst gewesen, der eine Universität gestiftet hat, die Wiener, die zweitälteste im deutschen Sprachraum nach jener in Prag; Alma Mater Rudolfina heißt sie noch heute. Er legte auch den Grundstein für einen Umbau der Stephanskirche, hat seine Residenzstadt Wien gefördert, wie er nur konnte – und beging die berühmteste Urkundenfälschung der österreichischen Geschichte. Er ließ nach dem Beispiel des Privilegium minus, das Österreich zum Herzogtum machte, ein **Privilegium maius** anfertigen.

Der in Prag residierende deutsche König und römische Kaiser Karl IV. – Rudolfs Schwiegervater – ließ die Urkunden freilich von Petrarca, dem berühmten italienischen Dichter und Humanisten, prüfen und der erkannte sofort die Fälschung – wer sie geschaffen habe, sei »ein Erzschelm« gewesen.

Immerhin hat der Erzschelm den habsburgischen Besitzungen auch Tirol hinzugefügt. Er hat die Grafschaft von **Margarete Maultasch** übertragen bekommen. Die Gräfin hatte, wie es heißt, entgegen ihrem Beinamen keinesfalls einen entstellenden Mund, sie sei vielmehr von edler Gestalt gewesen – mit makellosem Antlitz. Sie war zweimal verheiratet, das zweite Mal mit einem Sohn Kaiser Ludwigs des Bayern. Als dieser starb, ergaben sich die üblichen Streitereien um das Erbe. Sie wurden schließlich dadurch erledigt, dass Margarete Maultasch die Herrschaft über das Land Tirol Rudolf IV. und seinen Brüdern Albrecht III. und Leopold III. übergab. 1363 folgte sie Rudolf nach Wien und residierte dort, wo später die Vorstadt Margareten ihren Namen trug. Sie starb 1369.

> 8. Die habsburgischen Teilungen

>	Zeittafel
25. 9. 1379	Vertrag von Neuberg an der Mürz, die österreichischen Erbländer werden in die Albertinische Linie und die Leopoldinische Linie geteilt
4. 10. 1423	König Siegmund belehnt Herzog Albrecht V. mit Mähren
18. 3. 1438	Albrecht wird als Albrecht II. auch zum deutschen König gewählt, damit dreifacher König, im Jahr zuvor auch zum König von Ungarn und von Böhmen gekrönt
2. 2. 1440	Herzog Friedrich V. von Habsburg wird nach dem Tod König Albrechts II. zu dessen Nachfolger als Friedrich IV. im Reich gewählt
1440–1452	Vormundschaftsstreit um Ladislaus Postumus
19. 3. 1452	der Habsburger-König wird zum Kaiser Friedrich III. gekrönt
1458–1463	Streit der Brüder Friedrich III. und Albrecht VI. um die Herrschaft unter der Enns und in Wien
2. 12. 1463	Albrecht VI. stirbt, Friedrich III. erlangt dadurch wieder die Kontrolle über die österreichischen Donauländer
1477–1490	Matthias Corvinus von Ungarn beginnt sein Einflussgebiet auf Österreich auszudehnen; Wien wird vorübergehend ungarische Residenz (1485-1490), nach dem Tod von Matthias Corvinus fallen die österreichischen Gebiete wieder an die Habsburger
19. 3. 1490	durch die Abdankung Siegmunds von Tirol ist der habsburgische Besitz wieder in einer Linie
19. 8. 1493	nach dem Tod Kaiser Friedrichs III. ist König Maximilian I. alleiniger Herrscher über alle habsburgischen Besitzungen
23. 6. 1511	»Tiroler Landlibell«

Die Geschichte der Habsburger ist stets eine der Dynastie gewesen. Nur: Was heißt Dynastie? Heißt es Familie, ist es die durch verwandtschaftliche Bande zusammengehaltene Herrschergruppe, ist es das, was man heutzutage Clan nennen würde, vielleicht auch Seilschaft? Immer wieder ragen Gestalten heraus, die übermächtig sind – vielleicht nicht in der Meinung ihrer Zeitgenossen, aber jedenfalls in jener der Historiker. Gerade im ausklingenden Mittelalter und der beginnenden Neuzeit sind es zwei Kaiser, die das – wenn man so sagen darf – Habsburgertum mit geschichtlicher Größe überragen. Der eine ist Friedrich III., der zweite sein Sohn Maximilian I. Jener ist im Stephansdom bestattet, dieser in Wiener Neustadt. Jener ist umstritten, dieser fast zur Ikone geworden. Jener wurde »des Reiches Erzschlafmütze« genannt, dieser hieß »der letzte Ritter«.

Aber beide sind Figuren, die Geschichte gemacht haben – in jeder Bedeutung des Wortes. Kaiser **Friedrich III.** war (als Fünfter seines Namens) Herzog in Steiermark und Kärnten. Er wurde **1440** als Friedrich IV. zum **deutschen König** gewählt. Die erste vielleicht geschichtliche Tat aber war die Übernahme der Vormundschaft für ein kleines Kind, das später König von Ungarn und Böhmen werden sollte, Feldzüge und Kämpfe auslöste und starb, bevor es – zum jungen Mann gereift – jene Taten vollbringen konnte, die man von ihm erhofft hatte.

Die Geschichte ist einigermaßen kompliziert wie alles, was sich rund um Habsburg in diesen Jahren zutrug. Albrecht V. – der Erste, der nach den Luxemburgern die Krone wieder für Habsburg übernahm – starb, als seine Frau Elisabeth, die Tochter des letzten Luxemburger Kaisers Siegmund (auch Sigismund), schwanger war. Der Sohn, den sie schließlich gebar, wurde auf den Namen **Ladislaus** getauft; man nannte ihn **Postumus**, weil er nach dem Tod des Vaters zur Welt kam. Der Knabe brauchte einen Vormund; der einzige lebende Habsburger, der in Frage kam, war Friedrich, der Steirer. Weil aber sowohl die Ungarn wie die Böhmen Anspruch auf den Enkel des Kaisers Siegmund erhoben, kam es wieder zu Wirren, wie sie in der frühen Geschichte der Habsburger so häufig waren, Vormund Friedrich war überfordert. Als er nach Italien zog, um sich vom Papst als Friedrich III. zum Kaiser krönen zu lassen, nahm er den kleinen Ladislaus mit. In Pisa traf er zum ersten Mal mit jener Frau zusammen, die er heiraten sollte: mit der jungen Eleonore von Portugal. Der Mann, der sie ihm zuführte, war sein Sekretär **Aeneas Silvio Piccolomini**, eine der interessantesten Figuren dieser Zeit. Er verfasste Reiseberichte, die noch heute zum Wertvollsten gehören, was aus dieser Epoche erhalten ist. Er war Ratgeber seines Königs und Kaisers, schrieb den ersten erotischen Roman – manche behaupten, einen pornografischen – der europäischen Literatur. Und er wurde dennoch schließlich Papst – Pius II.

Als Friedrich nach der Krönung in Rom nach Österreich zurückkehrte und in Wiener Neustadt (damals steirisch) Aufenthalt nahm, musste er gegen die aufständischen österreichischen Stände kämpfen, die Ladislaus dem Vormund abnehmen wollten. Friedrich gab nach. Aber er konnte die Probleme »aussitzen«, so wie er auch wenig später den **Bruderkrieg mit Albrecht VI.** »aussitzen« konnte, einen Krieg, den Bruder Albrecht, der sich bei einer Teilung Österreichs benachteiligt fühlte, vom Zaun gebrochen hatte. In der Burg zu Wien wurde Friedrich belagert – nur die Böhmen unter König Georg Podiebrad kamen ihm schließlich zu Hilfe.

Allein, nicht nur Habsburg hat in diesen Jahren überragende Figuren in die Geschichte eingebracht. Da war auch der ungarische König **Matthias Corvinus**, ein Herrscher, mit dem Friedrich III. fast zwei Jahrzehnte lang in Feindschaft lebte und ihn doch auch bewunderte – einen Herrscher, der nicht nur zusätzlich nach der böhmischen Königskrone trachtete, sondern auch über Österreich regieren wollte. Seine Armee eroberte im Süden Bosnien, die Moldau und die Walachei, im Norden Mähren, Schlesien und einen Teil von Sachsen und Preußen. Die Zeit schien wieder reif für eine Donaumonarchie.

1485 zog Corvinus in Wien ein. Der Stadt waren die Lebensmittel ausgegangen und der Ungar kannte die Wiener: Noch vor seinen Soldaten ließ er Schweine und Ochsen in die Stadt treiben um zu zeigen, wie gut es der Bevölkerung künftig gehen werde.

In der Tat war der Aufenthalt des Matthias Corvinus in Wien einer, den die Leute in bester Erinnerung hatten. Als der König 1490 starb, trauerten sie. Seine Armee zerstreute sich, der Plan einer Donaumonarchie platzte wie eine Luftblase. Wieder hatte die »Erzschlafmütze« eine Gefahr, solang sie auch gedauert haben mag, »ausgesessen«. Er hatte viel Zeit dazu gehabt – Friedrich III. regierte 53 Jahre.

Immer wieder hatten ihn die Wiener den »Steirer« genannt. Als sie Ladislaus Postumus übernahmen, badeten sie ihn vorerst einmal, damit »nichts Steirisches« an ihm haften bliebe. Friedrich störte dies nicht, es störte ihn auch der Spott nicht, der ihm bisweilen in Wien entgegenklang, wo er zeitweilig sogar mit dem kleinen Maximilian in der Burg eingesperrt war. Er mag phlegmatisch gewesen sein – auch späteren Mitgliedern seiner Dynastie hat man dies vorgeworfen. Aber hat er durch seine Unentschlossenheit nicht mehr erreicht als durch Kämpfertum? In einer chaotischen Zeit hat er als ruhender Pol gewirkt. Er war bescheiden, regierte sparsam, liebte seine Residenz Wiener Neustadt, verbrachte seine letzten Jahre in Linz, starb 1493 mit 77 Jahren. Sein »**A.E.I.O.U.**«, in das viel an Symbolik hineingeheimnist wurde, war, wie man heute glaubt, eine den Späteren nicht bekannte Zahlenmystik.

Das Grabmal Friedrichs III. im Stephansdom, eines der schönsten Hochgräber in Österreich, ist ihm würdig. Der Kaiser liegt, umgeben von den Wappen seines Reiches, gekrönt auf dem Sarkophag. Der Krone hat er stets Ehre gemacht, auch wenn man ihn Schlafmütze nannte. Er war nicht der Erste seiner Dynastie, dem man Unrecht tat.

Sehr zum Unterschied zu seinem Sohn **Maximilian I.** Der stand so hoch in der Gunst seiner Untertanen, dass seine Fehler – und er hatte viele und sehr schwere – übersehen wurden, weil sie durch seine Vorzüge überdeckt worden sind. Maximilian war verschwenderisch (das Bankhaus Fugger musste ihn immer wieder mit Geld unterstützen) und, was seine vielen Kriege betrifft, hemmungslos. Er war, wie sein Zeitgenosse Machiavelli schrieb, unbeständig und wankelmütig. Er konnte nicht delegieren – sogar seinen Weinkeller kontrollierte er selbst. Er symbolisierte gleichsam den Übergang vom Herrscher im ausgehenden Mittelalter, der sich bis ins letzte Detail um seine Untertanen kümmerte, zum König der Neuzeit. Er soll doppelte Eckzähne gehabt haben, was auf eine überaus kämpferische Natur schließen ließ, und als Baby zu schreien begonnen haben, wenn er einen Gewappneten sah.

DAS A.E.I.O.U.-SYMBOL FRIEDRICHS III.

Der Habsburger FRIEDRICH III. war für seinen Hang zum Mystischen bekannt, dementsprechende viele und unterschiedlichste Erklärungsmodelle gibt es für die Vokalreihe »A.E.I.O.U.«, die er auf fast allen Gegenständen, die ihm gehörten, anbringen ließ. Auch auf Bauwerken wie der Burg von Wiener Neustadt ist diese Zeichenreihe zu finden. Im Mittelalter waren die Wahl- und Wappensprüche weit verbreitet, doch die Bedeutung dieser kaiserlichen Devise ist bis heute unbekannt. Die Interpretation »Alles Erdreich ist Österreich untertan« dürfte ebenso falsch sein wie viele andere. Die eigentliche Erklärung ist höchstwahrscheinlich in der magisch-mystischen Beschäftigung des Kaisers zu finden.

Aber er war ein Förderer der Künste wie kein anderer vor und nach ihm. Er sammelte einen Kreis von Humanisten um sich, er konnte sich in einem halben Dutzend Sprachen verständigen, er schrieb zwei Selbstbiografien – den »Theuerdank« und den »Weißkunig«. Er schuf aber auch die ersten Verwaltungsbehörden in den österreichischen Landen.

Und er war nicht zuletzt wegen dieser Vorzüge eine Gestalt, die sogar in Volkssagen auftrat. Darunter ist auch jene vom Kaiser, der sich in der Martinswand bei Innsbruck verstiegen hatte. Es stimmt, dass er drei Tage in einer Art von Biwak ausgehalten hatte, bis man ihn befreite. Es stimmt nicht, dass der Befreier ein Engel war.

Mit 18 Jahren kam er nach Burgund, das ihm und vor allem seinem Vater als Märchenland geschildert wurde. Er **heiratete** die um zwei Jahre ältere **Maria**, damals bereits Herzogin, die **Tochter Karls des Kühnen**. Es war eine der wenigen echten Liebesheiraten im Hause Habsburg, in der »Casa d'Austria«. Dass seine Frau nach kurzer Ehe als Schwangere einen tödlichen Reitunfall hatte, überschattete das weitere Leben Maximilians.

Er kämpfte zeit dieses Lebens mit dem Erbfeind Österreichs, mit Frankreich, dessen König nach dem Tode Marias 1482 unverzüglich wieder seine Hand auf Burgund legte. Er musste, wie schon als kleines Kind in Wien, als er während seiner Gefangenschaft in der Burg unter anderem mit Hirsebrei gefüttert wurde, auch als Erwachsener ertragen, dass man ihn in Haft nahm – in Brügge, dessen Bürger von ihm Zugeständnisse erpressen wollten.

Maximilian war aber auch jener Habsburger, der als Erster durch seine umfangreiche und clevere **Heiratspolitik** seine Macht (und die seiner Nachfahren) diesmal ohne Krieg vergrößern konnte. »Bella gerant alii; tu, felix Austria, nube!« Die Ehen waren mehr als verwirrend, sogar eine Doppelhochzeit wurde gefeiert. Der Sohn des böhmischen und ungarischen Königs heiratete Maria, die Enkelin Maximilians, und seine

Schwester Anna, zwölf Jahre alt, wurde mit dem 55-jährigen Kaiser getraut, vertretungsweise allerdings, weil er die Braut für einen seiner Enkel, Karl oder Ferdinand, »aufheben« wollte. Diese Enkel waren die Söhne Philipps des Schönen, der wieder ein Sohn Maximilians aus seiner zweiten Ehe mit Bianca Maria Sforza gewesen ist. Anna heiratete schließlich Maximilians Enkel Ferdinand – die Ehe soll einer der glücklichsten in der Geschichte der Habsburger gewesen sein.

Maximilian starb 1519 mit 59 Jahren in Wels auf dem Weg nach Wien. Ein Bild, den Kaiser auf dem Totenbett darstellend, zeigt ihn auf erschreckend naturalistische Weise als von schwerer Krankheit gezeichnetes Wrack. Sein Grabmal in der Hofkirche von Innsbruck mit den schwarzen Mandern ist leer, er wurde in Wiener Neustadt beigesetzt.

> 9. Karl V. und Ferdinand I.

>	Zeittafel
12. 1. 1519	Maximilian I. stirbt, sein Nachfolger wird sein Enkel, der spanische König Karl I. als Karl V.
23. 10. 1520	Karl V. wird in Aachen zum König gekrönt
28. 4. 1521/ 7. 2. 1522	durch die Teilungsverträge von Worms und Brüssel wird eine spanisch-niederländische (Karl V.) und eine österreichisch-deutsche (Ferdinand I.) Linie der Habsburger gebildet; Ferdinand sichert sich überdies die Anwartschaft auf Ungarn und Böhmen
1523	Ferdinand I. verbietet die lutherischen Schriften, die Reformation breitet sich dennoch aus
1525/1526	im Zuge des großen deutschen Bauernkrieges kommt es auch in den österreichischen Ländern zu mehreren Aufständen
29. 8. 1526	Schlacht bei Mohács, die Türken erzielen einen entscheidenden Sieg gegenüber den Ungarn, König Ludwig II. von Böhmen und Ungarn stirbt, Westungarn und Böhmen fallen an Ferdinand I.
25. 9.–14. 10. 1529	erste Türkenbelagerung Wiens
25. 9. 1555	Augsburger Religionsfriede
12. 9. 1556	Kaiser Karl V. dankt ab, sein Nachfolger wird Ferdinand I.
25. 7. 1564	nach dem Tod Ferdinands I. tritt sein ältester Sohn Maximilian II. im Reich an

In seinem Reich, sagte er, und es sagten viele, vor allem auch die Nachfahren, ist die Sonne nicht untergegangen. Er hat die Neue Welt beherrscht, ohne sie je besucht zu haben, obgleich er fast wie ein mittelalterlicher Monarch stets auf Wanderung war: **Karl V.**, neben Maximilian I. die überragende Habsburgergestalt aus dieser Zeit, die das Spätmittelalter mit der frühen Neuzeit verband. »Plus ultra« hatte er zu seinem Wahlspruch gemacht: immer mehr, noch höher, noch weiter. Sehr zu Unrecht hat man in der Geschichtsschreibung seinen Bruder Ferdinand mehr oder minder vernachlässigt. Die Sonne, die nicht unterging, schien auf Karl, **Ferdinand** stand im Schatten, obgleich später gleichfalls Kaiser.

Karl ist in den Niederlanden aufgewachsen, Ferdinand in Spanien. Dennoch ist Karl der Spanier geworden, Ferdinand der Österreicher. Karl hat die ersten großen Probleme mit Martin Luther und der Reformation gehabt, Ferdinand mit den Türken. Am Ende sind sie beide als große Könige und Kaiser in die Geschichte eingegangen.

Die Brüder Karl und Ferdinand haben **1521** im **Wormser Vertrag** die Aufteilung des großen Reiches festgeschrieben. Ferdinand bekam, vorerst nur als Statthalter, die Verwaltung der österreichischen Länder, Karl vor allem Spanien und die Niederlande, wo seine Tante Margarete, eine der Töchter Maximilians, gleichfalls als Statthalterin amtierte. Während Karl V. (in Spanien Karl I.) unausgesetzt Kriege führte – sein Erzfeind war wieder Frankreich mit Franz I. an der Spitze – und deshalb stets in Geldnöten war, wobei ihm gegen Verpfändung ganzer Länder die schon erwähnte Bankerfamilie Fugger half, musste sich Ferdinand gegen Osten wenden. Die Türken, die ein Großreich fast umfangreicher als jenes Alexanders beherrschten, drängten nach Westen. In der **Schlacht bei Mohács** besiegten sie **1526** ein ihnen zahlenmäßig weitaus unterlegenes Heer der Ungarn. Ludwig II., deren König, verlor die

Schlacht und das Leben. Die Folge war freilich, sieht man es durch die Brille der Unvoreingenommenheit, für das spätere große Österreich positiv: Ferdinand, der nun die ungarische Krone beanspruchte, die ihm aus Erbverträgen zustand, sah sich dem von den Türken gewählten Johann Zápolya als Gegenkönig gegenüber. Während ihm die Krone der böhmischen Länder, auf die er gleichfalls Anspruch erhob, zuerkannt wurde und ihn der ungarische Adel ohne Rücksicht auf den Türkenschützling Zápolya zum König erhob, rüstete **Sultan Suleiman II.** – der mächtigste und später berühmteste Führer der Osmanen – zum Krieg. Nach der **Schlacht bei Tokaj**, wo die Österreicher einen vernichtenden Sieg über Zápolya errangen, brach dieser Krieg aus.

Die Türken kamen im **September 1529 bis Wien**, es kam zu der schon den heutigen Schulkindern bekannten **ersten Türkenbelagerung**, welche nach drei Wochen mit einem Rückmarsch der Türken endete. Das zweite Mal war die Belagerung 1683 länger und weitaus gefährlicher.

Indessen war es in Europa zu zwei Ereignissen gekommen, die nicht nur die österreichische, sondern die gesamte Weltgeschichte einen anderen Lauf nehmen ließen. Das eine reichte in das 15. Jahrhundert zurück, als **Johannes Gutenberg** – er hieß eigentlich Gensfleisch – den **Buchdruck**, und zwar jenen mit beweglichen Lettern, erfand, eine Druckart, die dann jahrhundertelang ausgeübt werden sollte und die moderne Kommunikation maßgebend bestimmte. Der Buchdruck ermöglichte es, dass Druckschriften in großen Auflagen vervielfältigt wurden – und dies wieder führte dazu, dass die Lehre **Martin Luthers** populär wurde.

Diese Lehre war das zweite Ereignis, das weltgeschichtliche Bedeutung bekam. Ursache war die überhand nehmende Korruption in der Kirche, vor allem der Ablasshandel – die Tatsache, dass man durch gute Werke die Sünden vergeben bekam;

als gutes Werk galten immer mehr auch Geldzahlungen an die Kirche und das ging so weit, dass 1506 sogar ein »**Ablass**« für den Neubau des Petersdoms versprochen wurde.

Der Wittenberger Professor und Augustinermönch Martin Luther wollte zuerst nichts anderes als die Kirche von diesen Exzessen reinigen. **1517** veröffentlichte er seine **95 Thesen**; dass er sie an die Schlosskirche von Wittenberg anschlug, ist Legende. Aber er wurde als Ketzer betrachtet, publizierte zahlreiche Schriften (bis zu 300000 Exemplare wurden verkauft), und als er am **17. April 1521** während des **Wormser Reichstags** vor Kaiser Karl V. gefragt wurde, ob er seine Thesen widerrufe, lehnte er dieses Ansinnen ab. Seine Gegenrede schloss mit den berühmten Worten: »Gott helfe mir, Amen!«

DIE ERSTE WIENER TÜRKENBELAGERUNG

25. 9.–14. 10. 1529

Unter SULTAN SULEIMANN II. drangen die Türken mit einem mächtigen Herr von 120 000 Mann erstmals bis nach Wien vor. Die Stadt wurde von dem bereits ergrauten Grafen NIKLAS SALM verteidigt, dem es gelang, mit seinen Kämpfern die Türken so tapfer und so oft zurückzuwerfen, dass der Sultan schließlich am 14. Oktober den Rückzug befahl. Der Rückmarsch der Türken wurde nicht zuletzt durch starke Herbstregen erzwungen – und dadurch, dass das türkische Heer durch Krankheiten dezimiert worden war.

Die Reformation, die Luther ursprünglich gar nicht beabsichtigt hatte, die aber durch seine Bibelübersetzung von weitesten Kreisen getragen wurde, erfasste schließlich auch den Bauernstand. Diese Reformation war freilich nicht die einzige Ursache dafür, dass die Bauern sich gegen ihre Grundherren mit Waffengewalt auflehnten. Schon im 15. Jahrhundert kam es zu vereinzelten Aufständen, im 16. und 17. Jahrhundert wurden diese Revolten dann teilweise zum Aufruhr. Namen wie **Peter Passler**, **Michael Gaismair** oder **Stefan Fadinger** stehen für den Versuch der Unterdrückten und in der sozialen

Skala der damaligen Gesellschaft auf der untersten Stufe Vegetierenden, ihr Joch abzuschütteln – Versuche, die freilich immer wieder missglückten und in grausamen Strafexpeditionen endeten. Die Aufstände umfassten in den österreichischen Ländern Tirol, die Steiermark und Oberösterreich; Söldnerheere metzelten die Aufständischen reihenweise nieder – und Sieger waren in jedem Fall die protestantischen Landesfürsten. Die Bauern waren von der neuen Lehre enttäuscht; dass der Katholizismus sich in Süddeutschland festigen konnte, ist wahrscheinlich auch darauf zurückzuführen.

Die Landesfürsten und ein großer Teil des Adels hingen indessen bereits der Reformation an. Karl V., der seinem Bruder Ferdinand bereits den Kampf gegen die Türken überlassen hatte, ließ ihn auch in der Auseinandersetzung mit den Lutheranern allein. Ferdinand sah sich demnach gezwungen, auf dem Reichstag von Augsburg **1555** den **»Augsburger Religionsfrieden«** zu Stande zu bringen. Es war ein Frieden, der dieses Wort kaum verdiente, weil er jene, die er vor allem betraf, willenlos machte und sie geistig versklavte. Nach der Formel »Cuius regio, eius religio« war das Volk künftig gezwungen, die Religion des jeweiligen Landesfürsten anzunehmen oder auszuwandern.

Auf eine Kurzformel gebracht, bedeutete dies, dass in Österreich der Adel katholisch und in Böhmen protestantisch gesinnt war. Ferdinand ging freilich in Böhmen mit strengen Strafen gegen die Protestanten vor; die Maßnahmen, die der König traf, sind, wie es heißt, von den Tschechen als Beginn einer deutschen Unterdrückung aufgefasst worden, die 400 Jahre lang Konfliktstoff bildete. In Österreich wieder förderten die Visitatoren einer von Ferdinand eingesetzten Kommission haarsträubende Zustände in Pfarren und Klöstern zu Tage: Priester und Mönche lebten mit ihren Lebensgefährtinnen und Kindern zusammen, Kinder wurden nicht mehr getauft, Tote nicht mehr eingesegnet. Es war die Zeit, da Ferdinand Mitglieder eines erst vor kurzem vom Papst bestätigten **neuen Ordens** ins Land rief, die **Jesuiten**. Sie erwiesen sich gleichsam als das Schwert der Gegenreformation.

Der Monarch, der diese Sorgen nicht hatte, **Karl V.**, hatte indessen gesehen, dass ein Traum, den er zeit seines Lebens hegte, nämlich ein universalistisches Kaiserreich zu schaffen, einer Weltherrschaft vorzustehen, in der in der Tat die Sonne, auch die des Glücks, nicht untergehen würde, nicht in Erfüllung ging. Er war 55 Jahre alt, krank und depressiv – und er **dankte ab**. Er überließ die Krone seinem Sohn, Philipp II., und zog sich in das Kloster San Jerónimo de Yuste zurück. Er war freilich nicht, wie es immer wieder heißt, zum Mönch geworden. Er residierte mit Dienstpersonal in einer Zimmerflucht, und man informierte ihn von allem, was in der Politik relevant war. Er war keineswegs der abgeschiedene kaiserliche Eremit.

1558 ist er gestorben. Vielleicht hat er noch einmal sein Leben überdacht. Vielleicht hat er eingesehen, dass er seine politischen Möglichkeiten überschätzte. Vielleicht dachte er daran, dass er für die Österreicher immer »der Spanier« war, vielleicht aber auch hat er an die Schlacht von Pavia, wo der französische König Franz I. gefangen genommen wurde, vielleicht auch an den »Sacco di Roma« gedacht, als 1527 seine meuternden Söldner die Ewige Stadt verwüsteten. Aber er hat am »Haus Österreich« weitergebaut, so wie sein Bruder Ferdinand, der ihm als Kaiser nachfolgte – von Problemen überhäuft, von denen die Neuordnung der Verwaltung nicht das Größte war. Ferdinand schuf sieben Instanzen und Ämter, darunter den Hofkriegsrat, die Hofkanzlei und den Geheimen Rat. Diese **Hofstaatsordnung** brachte eine Zentralverwaltung der österreichischen, böhmischen und ungarischen Länder. Ferdinand exekutierte also die erste große österreichische Verwaltungsreform. Er blieb dennoch unbedankt bis zu seinem Tod 1564.

> 10. Der Bruderzwist im Hause Habsburg

> Zeittafel

27. 10. 1576	Erzherzog Rudolf wird nach dem Tod seines Vaters Maximlian II. zum König und römischen Kaiser gewählt
9. 2. 1578	Erzherzog Karl II. von Innerösterreich bestätigt im »Brucker Libell« die 1572 gewährte Glaubensfreiheit auch den landesfürstlichen Städten und Märkten
Frühsommer 1583	Rudolf II. verlegt seine Residenz endgültig nach Prag
27. 9. 1583	einzige Hexenverbrennung in Wien
September 1597	der Bauernaufstand im Land ober der Enns wird niedergeworfen
25. 4. 1606	Beginn des Bruderzwistes im Hause Habsburg, die habsburgischen Erzherzöge wählen Matthias zum Familienoberhaupt
25. 6. 1608	Vertrag von Lieben, Rudolf II. tritt Österreich, Ungarn und Mähren an Matthias ab
23. 5. 1611	Matthias wird zum König von Böhmen gekrönt
13. 6. 1612	nach dem Tod Kaiser Rudolfs II. wird Erzherzog Matthias zum römischen König und Kaiser gekrönt
28. 8. 1619	nach dem Tod Kaiser Matthias' wird Ferdinand zum römischen Kaiser gewählt

Es sind politische Heiraten gewesen, die wissentlich zur Vergrößerung und Festigung des »Hauses Österreich« mitgewirkt haben. Den Gemahlinnen der diversen Herrscher ist nur eine Aufgabe gestellt worden: so viele Nachkommen wie möglich zu gebären. Zehn, fünfzehn, achtzehn Kinder waren keine Seltenheit. Wenn einige im Säuglings- oder Kindesalter starben, tat es nichts: Der nächste männliche Spross war in den meisten Fällen durchaus geeignet, die Dynastie weiterzuführen. Die Frauen sind ihren erzherzöglichen oder königlichen Gemahlen meist schon im Kindesalter angetraut worden, die Ehe wurde dann vollzogen, wenn das Mädchen (notabene auch der Gatte) dazu in der Lage war.

Immer wieder ist es vorgekommen, dass die zukünftige Ehefrau eines ebenso künftigen Herrschers den Bräutigam vor der Hochzeit nicht zu Gesicht bekommen hatte, dass die Ehe von den Vätern des Brautpaars »gestiftet« wurde, ohne dass zumeist eine Spur von Liebe vorhanden war. Es gab allerdings auch Ausnahmen: Ehen, die auf einer, wenngleich später erst entstandenen Zuneigung beruhten. Kaiser Maximilian I. hat Maria von Burgund geliebt – dass sie früh starb, hat ihn, wie gesagt, sein Leben lang verfolgt. Friedrich III., damals 37 Jahre alt, sah seine 16-jährige Braut Eleonore von Portugal in der Toskana zum ersten Mal, die Ehe, die Silvio Piccolomini gestiftet hatte, wurde glücklich.

Dass andererseits die Syphilis im Haus Österreich fast endemisch war, gehört zu jenen Fakten, die von der Hagiografie meist übersehen oder verschwiegen werden. **Maximilian II.**, der seinem Vater Ferdinand auf den Thron und auch als Kaiser folgte, starb an dieser Krankheit, auch sein Sohn **Rudolf II.** hat, wie es heißt, daran gelitten.

Maximilian hatte eine stürmische Jugend verbracht. Er ist am Hofe seines Onkels Karls V. in Spanien aufgewachsen, liebte das Tanzen und die Jagd und wurde, als er von seinem Vater die Regierungsgewalt übernahm, mit der 16-jährigen Tochter Kaiser Karls, seiner Cousine, vermählt. Eheschließungen unter nahen Verwandten sind bei den Habsburgern bis in das 19. Jahrhundert herauf nichts Außergewöhnliches gewesen. Auch Elisabeth, die Nichte der Mutter Kaiser Franz Josephs, hat ihren Cousin geheiratet.

Zurück zu **Maximilian II.** Er ist still gewesen, wurde von den Geschichtsschreibern kaum beachtet, war tief in die religiösen Konflikte seiner Zeit verwickelt und galt doch als einer, der Toleranz übte, **1568** eine »**Religionskonzession**« erließ und von dem man nicht wusste, ob er im Grunde seines Herzens Katholik oder Protestant gewesen sei. Einerseits waren ihm die eifernden Protestanten zuwider, deren blinde Aggression er ablehnte, andererseits störte ihn der bigotte Fanatismus der Katholiken. Er gab sich viel lieber mit Büchern ab, sammelte Gelehrte um sich, war äußerst sprachkundig und war der **Gründer** jener **Hofbibliothek**, die als Nationalbibliothek noch heute eine der umfangreichsten der Welt ist.

Zwar hat sich in der Zeit Maximilians II. die allererste Industrialisierung bemerkbar gemacht, gleichzeitig aber breitete sich, gewissermaßen als geistiger Kontrast, der **Hexenwahn** aus, der freilich in Österreich kaum Opfer forderte, dafür umso mehr in Deutschland: Dort rottete er in manchen Dörfern fast die gesamte weibliche Bevölkerung aus. Als römischer König und Kaiser erlaubte Maximilian die Durchführung von Hexenprozessen in keinem österreichischen Land. Eine einzige Hexe ist in Wien verbrannt worden, eine vermutlich irre alte Frau. Das war 1583, sieben Jahre nach Maximilians Tod.

Dieser trat 1576 ein – Maximilian II. war erst 49 Jahre alt. Auf die Frage, ob er sich protestantisch oder katholisch fühle, soll er einmal gesagt haben: »Ich glaube.« Und in seiner Todesstunde lehnte er Beichte und Krankensakrament ab: »Mein Priester ist im Himmel.«

Was die Toleranz betrifft, stand **Rudolf II.** seinem Vater nicht nach. Es war eine Toleranz, die sich freilich nicht nur auf die Religion bezog. Auch die Außenpolitik war für ihn eine Frage des Gleichgewichts, und um dieses zu erreichen, entwarf er, die Türken überspielend, die ihn immer in Kleinkriege verwickelten, den Plan einer polnisch-russischen Versöhnung.

Allerdings ist uns Rudolf nicht wegen seiner geglückten – oder nicht geglückten – Außenpolitik bekannt, sondern wegen einer Eigenart, deren Hintergrund man bis heute nicht erklären kann. War es Melancholie, Depression, war es, wie vielfach behauptet wird, eine Geisteskrankheit? Rudolf II. **residierte** zeit seines Lebens **in Prag** – die Böhmen nannten ihn den »guten Herrn«, die Deutschen waren gegen ihn aufgebracht, weil er seine Pflichten als deutscher König und römisch-deutscher Kaiser vernachlässigt habe. Auch seine Mutter, Maximilians Frau Maria, die Tochter Karls V., hat zur Schwermütigkeit geneigt: War Rudolfs Zustand ein Erbteil, durch Gene bestimmt?

Faktum ist, dass sich der Kaiser, den man auch als »Einsiedler auf dem Hradschin« bezeichnet hat, mit Kultur weitaus mehr befasst hat als mit Krieg – was ihn später auch in einen Konflikt mit seinem Bruder Matthias brachte. Rudolf beschäftigte sich mit Skulpturen, Gemälden, Goldschmiedearbeiten, er gab horrende Summen für Kunstgegenstände aus, die er in ganz Europa suchen ließ und die er dann seinem Raritätenkabinett einverleibte. Rudolf war auch der Alchemie nicht abgeneigt, ja er soll, dem Rabbi Löw ähnlich, den Wunsch gehegt haben, einen künstlichen Menschen zu schaffen.

Zwei Personen waren es, die im Leben des Kaisers, der nie verheiratet war, eine große Rolle spielten. Die erste war sein **Kammerdiener Philipp Lang**. Es hieß von ihm, eine Zeit lang habe er das Reich regiert und nicht sein Herr. Das ist gewiss nicht wahr, auch wenn Lang in zumindest einem Fall den Kaiser überredete, mit den Türken einen Friedensvertrag zu unterschreiben, was Rudolf zuerst nicht wollte. Lang war von den Ständen bestochen; diesen war der Krieg zu teuer gekommen.

Die andere herausragende Figur war **Kardinal Melchior Klesl**, der Hauptbetreiber einer immer wichtiger werdenden Rekatholisierung in einem vom Protestantismus gefährdeten Österreich. Klesl war einer von jenen Kirchenfürsten, die im politischen Spiel so gewandt waren, wie sie in der Kirche ihre Position zu stärken wussten. Der Kirche freilich und dem Papsttum konnte Rudolf genauso wenig abgewinnen wie sein Vater. Trotzdem entsprach er dem Wunsch und der Initiative Papst Gregors XIII., der den von Julius Caesar eingeführten Julianischen Kalender reformieren wollte. Die protestantischen Stände waren vehement dagegen, trotzdem kam es zur Kalenderreform – der Gregorianische ist jener Kalender, der für uns heute gültig ist.

KARDINAL MELCHIOR KLESL

19. 2. 1553–18. 9. 1630

Kardinal MELCHIOR KLESL, als Sohn eines protestantischen Bäckers geboren, wurde schon sehr früh rekatholisiert. In St. Stephan als Propst begann er seinen geistlichen Werdegang und brachte es bis zum Kardinal von Wien. Schon früh verschrieb er sich der katholischen Restauration, deren stärkster Förderer er war. Politisch nahm er zunächst als Berater von Rudolf II. großen Einfluss. Ab 1599 war er Kanzler des späteren Kaisers Matthias, dem er auch zum Sturz Rudolfs riet. Als leitender Staatsmann erkannte er, welche Gefahr von den Türken ausging, und wollte deswegen mit den protestantischen Fürsten eine Verständigung erreichen. Nach dem böhmischen Aufstand ließ ihn der spätere Kaiser Ferdinand II. verhaften (20. 7. 1618) und nach Rom bringen. Erst 1627 durfte er wieder nach Wien zurückkehren und wurde wieder als Kardinal eingesetzt.

Der Name Rudolfs ist nicht zu trennen vom Aufstand der Niederlande, von den Türkenkriegen, vor allem aber von jenem »**Bruderzwist**«, der den Hintergrund für das historische Drama Franz Grillparzers bildet, das gescheiteste Schauspiel des berühmten österreichischen Autors. **Erzherzog Matthias**, der jüngere Bruder des Kaisers, war ehrgeizig und versuchte unter anderem, sich zum König der Niederlande machen zu lassen, die im Begriffe waren, sich gegen die spanischen Habsburger zu wehren. Als dies misslang, versuchte er seinen Bruder Rudolf vom Thron zu drängen – mit der Begründung, der Kaiser sei des Regierens nicht mehr fähig. Die anderen Brüder trafen zusammen, mit Matthias in Wien um diesen zum Oberhaupt des Hauses Habsburg zu wählen. Der Hass Rudolfs war unversöhnlich, der Bruderzwist nicht mehr beizulegen, trotz wechselnder Machtpositionen.

1611 war er entschieden, **Matthias** wurde im Veitsdom zu Prag zum König von Böhmen **gekrönt**. Rudolf »durfte« zwar Kaiser bleiben, auch weiter auf dem Hradschin residieren, war aber ein Herrscher ohne Land. Er starb 1612 und liegt in jenem Veitsdom begraben, in dem vor Jahresfrist sein Bruder Matthias triumphieren konnte.

Rudolf II. ist gewiss, politisch gesehen, kein großer Kaiser gewesen. Als kunstsinniger Monarch war er indessen mit anderen kaum zu vergleichen und auch die Wissenschaft lag ihm nahe. **Johannes Kepler** unterstützte er ebenso wie **Tycho Brahe**. Sein bestes Denkmal hat ihm Grillparzer gesetzt. Der »Bruderzwist in Habsburg« hat ihn populärer gemacht als jede Geschichtsschreibung. Und vielleicht hat Rudolf II. geahnt, wie schwach sein Bruder und Nachfolger Matthias auf jenem Thron sein wird, von dem er den »Eremiten auf dem Hradschin« gestoßen hatte. Auf diesem Hradschin zu Prag ist Rudolf II. beigesetzt. Matthias liegt in Wien – als erster Kaiser in der Kapuzinergruft.

»Mea culpa, mea culpa, mea maxima culpa«, sagt er zu Ende des fünften Akts von Grillparzers Drama über den Bruderzwist, nachdem die Umstehenden begeistert den kommenden Krieg begrüßt hatten: »Und währ't es dreißig Jahr'– ja, wären's dreißig – dreißig! – umso besser.« Matthias antwortet ihnen: »Was sprechen sie von Krieg und dreißig Jahren? Ich werd es nicht erleben.« Sie alle haben, will Grillparzer sagen, den Krieg vorausgeahnt, ja freudig erwartet, der in der Tat als dreißigjähriger in die europäische Geschichte einging.

Matthias hat freilich den Anfang dieses Kriegs doch noch erlebt. Er war ein Kaiser, der die Gegenreformation vorantrieb, aber nicht fanatisch. Es war noch nicht zu jener Radikalisierung der Religionsfronten gekommen, die sich unter seinem Nachfolger Ferdinand II. entwickeln sollte. Zwar näherte sich die religiös-politische Situation einem Zusammenstoß, es näherte sich auch der Krieg, der 30 Jahre währen sollte, aber Kaiser Matthias setzte mehr auf Bündnisse und Ausgleich, sprich: auf Kompromisse, als auf bewaffnete Zusammenstöße; er ähnelte darin seinem Bruder Rudolf.

Aber Verhandlungen mit den Protestanten, die nicht zuletzt unter Mitwirkung des Politiker-Kardinals Klesl begonnen wurden, führten zu nichts. Zudem hat die Gründung zweier konkurrenzierender und einander feindlich gegenüberstehender Bündnisse die Situation weiter kompliziert.

Auf der protestantischen Seite waren unter anderem die Pfalz, Sachsen-Anhalt und Württemberg beteiligt, sogar zu England, den Niederlanden und Schweden wurde Verbindung aufgenommen. Als Antwort gründete die **katholische** Seite die »**Liga**« – sie sollte zum Unterschied von der **protestantischen** »**Union**« im **Dreißigjährigen Krieg** eine große Rolle spielen.

Die Rolle aber, die Matthias spielte, ist – wie bei so vielen seiner Dynastie – eine verkannte gewesen. Er hat im »Vorspiel« zum Krieg einen, wie geschrieben wurde, eher unglücklichen Part abgegeben. Seine Biografie wird zumeist im Zusammenhang mit jener seines kaiserlichen Bruders erzählt, es gibt auch kaum Arbeiten über ihn. Eine trägt den Titel »Wer ist eigentlich dieser Matthias?«.

> 11. Der Dreißigjährige Krieg und die Türkenkriege

>	Zeittafel
23. 5. 1618	»Prager Fenstersturz«, Beginn des Dreißigjährigen Krieges
1618–1648	Dreißigjähriger Krieg (1618–1620: Böhmischer Krieg, 1625–1629: Niedersächsisch-dänischer Krieg, 1630–1635: Schwedischer Krieg, 1635–1648: Schwedisch-französischer Krieg)
8. 11. 1620	Schlacht am Weißen Berg, aufständische Böhmen werden vernichtend geschlagen
17. 5. 1626	Bauernaufstand in Oberösterreich unter der Führung Stefan Fadingers und Christof Zellers
25. 2. 1634	Wallenstein wird in Eger ermordet
15. 2. 1637	nach dem Tod des Kaisers tritt sein Sohn als Ferdinand III. die Nachfolge an
24. 10. 1648	mit dem Westfälischen Frieden endet der Dreißigjährige Krieg
18. 7. 1658	nach dem Tod Kaiser Ferdinands III. Wahl Erzherzog Leopolds zum Kaiser
1. 8. 1664	Schlacht bei Mogersdorf, stoppt vorerst den türkischen Vormarsch nach Westen
14. 2. 1670	Kaiser Leopold I. erlässt einen Befehl, dass alle Juden Wien zu verlassen hätten
15. 7.–12. 9. 1683	zweite Türkenbelagerung von Wien endet durch die Hilfe eines christlichen Entsatzheeres unter dem Oberbefehl des Königs Jan Sobieski von Polen
11. 9. 1697	Prinz Eugen von Savoyen besiegt die Türken bei Zenta
26. 1. 1699	mit dem Frieden von Karlowitz enden die Türkenkriege

Mitunter finden sich in der Weltgeschichte Ereignisse, die scherzhaft anmuten und doch zu Katastrophen führen, Zwischenfälle, die, wenn sie sich nicht tatsächlich ereignet hätten, als erfunden gelten könnten – und doch eine Entwicklung einleiteten, die die Bevölkerung weiter Teile des Kontinents dezimierten. Ein solcher Zwischenfall, der zu ungeahnten Weiterungen führte, war der Prager Fenstersturz, kurios, weil nicht unmittelbar tödlich, und doch folgenschwer. Eine Abordnung protestantischer Stände forderte in Prag die versprochene Belohnung für die Unterstützung des nachmaligen Kaisers Matthias im »Bruderzwist«, die nicht zu Stande kam, weil Matthias nichts mehr davon wissen wollte. Am **23. Mai 1618** kam es zu einer Vorsprache von rund 100 Protestanten unter Führung von Graf Thurn bei den tschechischen Statthaltern des Kaisers am Hradschin, die in einen erregten Wortwechsel ausartete und dazu führte, dass zwei **tschechische kaiserliche Beamte**, die Grafen Martinitz und Slavata, **aus dem Fenster** in den 20 Meter tiefer gelegenen Burggraben geworfen wurden. Sie landeten glücklicherweise auf einem Misthaufen und blieben nahezu unverletzt. Auch der Geheimschreiber Fabrizius wurde den beiden Grafen nachgeworfen, fiel auf Martinitz – und entschuldigte sich, wie es heißt, in aller Form dafür.

Der Krieg der »dreißig Jahr'« war der grausamste und blutigste nicht nur des 17. Jahrhunderts, sondern er tobte, freilich mit verschiedenster Intensität, so heftig, dass, wie gesagt, hundertausende Menschen ihm zum Opfer fielen. Er bildete Stoff für ganze Bibliotheken, unzählig sind die Bücher und Dramen, die über ihn geschrieben wurden – der Bogen reicht von Grimmelshausens **»Simplicissimus«** bis zu Brechts **»Mutter Courage«**. Immer wieder kam es zu einer Verschiebung der Allianzen, sofern man überhaupt von Allianzen sprechen konnte, immer neue Länder und Königreiche beteiligten sich, schließlich verliefen die Fronten nicht nur zwischen Katholiken und Protestanten, sondern sogar durch diese Lager selbst. Es war der erste totale Krieg der Geschichte, er verwüstete Wald und Flur, und die Figuren, die überragend in Erscheinung traten, gaben Historikern, Dichtern und Schriftstellern Material. Für jede dieser Figuren aber gilt, was Schiller im Prolog zu Wallenstein geschrieben hat: »Von der Parteien Gunst und Hass verwirrt, schwankt sein Charakterbild in der Geschichte.«

Kaiser Ferdinand II., dann **Ferdinand III.** waren solche Hauptfiguren auf der katholischen Seite, der **Schwedenkönig Gustav Adolf**, der in der **Schlacht bei Lützen** fiel, die wichtigste auf der protestantischen. Eines der ersten Treffen des Kriegs war die **»Schlacht am Weißen Berg«**. Kurfürst Friedrich von der Pfalz hatte wenige Monate lang als König in Prag residiert, bevor er von den katholischen Truppen des Kaisers geschlagen wurde.

ALBRECHT VON WALLENSTEIN
(24. 9. 1583–25. 2. 1634)

Von den Generälen des Dreißigjährigen Krieges war Wallenstein – genauer: Generalissimus ALBRECHT WENZEL EUSEBIUS VON WALLENSTEIN, Herzog von Friedland, Herzog von Mecklenburg, Fürst von Sagan, General des ozeanischen und des baltischen Meeres – der berühmteste. Als er dem Kaiser zu mächtig wurde, schickte man ihn in Pension – und holte ihn wieder, als das Kriegsglück sich von den Kaiserlichen abwendete. Dass er später Geheimverhandlungen mit den Schweden aufnahm, wurde ihm zum Verhängnis: Er wurde am 25. Februar 1634 umgebracht.

Der »Winterkönig« suchte sein Heil in der Flucht, Ferdinand II. konnte wieder katholisch in Böhmen regieren. Das hieß: Enteignungen, Ausweisung von 120 000 protestantischen Böhmen und Mähren, die Einführung der »vernewerten« Landesordnung, die wieder zur Folge hatte, dass es keine Unabhängigkeit der beiden Länder mehr gab. Unter anderem wurde die oberste Verwaltungsbehörde, die böhmische Hofkanzlei, nach Wien verlegt. Böhmen sank, wie es in den Geschichtsbüchern heißt, zu einer Provinz des österreichischen Habsburgerreiches herab.

Der Krieg endete, wo er begonnen hatte: vor Prag, das die Schweden belagerten. Aber schließlich ist dieser Dreißigjährige Krieg, wie es Kurfürst Max von Bayern ausdrückte, nicht beendet worden, er ist »verreckt«. Das eigentliche Ende kam dann in Münster, wo ein Frieden geschlossen wurde, der als der »Westfälische« in die Geschichte eingegangen ist. Katholiken und Protestanten wurden einander gleichgestellt, waren in der Religionsausübung gleichberechtigt.

War der Dreißigjährige Krieg also doch einer der Religionen? Er war in erster Linie einer um die Macht – im Reich und in den Ländern. Der **»Westfälische Frieden«** habe einen Wendepunkt der kaiserlichen Politik, die nach Westen ausgerichtet war, zur österreichischen der Habsburger, die sich dem Osten zuwandte, bedeutet, sagen manche.

Er beendete jedenfalls eine Zeit, die zu den dunkelsten Perioden der europäischen Geschichte zählt. Einerseits setzte sich das Heilige Römische Reich aus 236 Teilstaaten zusammen, in denen Seuchen wüteten und Hungersnöte herrschten. Aber auch »der Schwed'«, wie er sogar schon den Kindern als Furcht erregende Albtraumfigur vor Augen gestellt wurde, hatte vor allem in Böhmen arg gehaust; dort wurden 80 Städte, 813 Dörfer und 215 Schlösser verwüstet, wie ein akribisch zusammengestelltes Register erzählt. Der Bevölkerungsverlust in Mitteleuropa betrug zwischen einem Viertel und einem Drittel der Menschen.

War es Zeit, wieder zu leben, da man überlebt hatte? War es Zeit, die Gräuel durch Schönheit zu kompensieren – was nicht für die Landbevölkerung galt, gewiss nicht, aber jedenfalls für die städtische, den Adel und den Monarchen? Denn nach dem Extrem des langen Kriegs tauchte **Leopold I.** in ein anderes, den **Barock**. Er war ein verschwenderischer Fürst, liebte die Musik, komponierte auch selbst, veranstaltete prunkvolle, ja fantastische Feste, ließ sich durch Bauernrevolten ebenso wenig in seiner Hofhaltung stören wie durch Handwerkerunruhen.

Unter Leopold I. erlebte der Barock seinen Höhepunkt. Barock: Das war Inbegriff auch der Gegenreformation. Das war der Gegensatz zum strengen Ernst des Protestantismus. Nicht mehr, wie im Mittelalter, war die Erde ein Jammertal, nicht mehr mussten die Menschen auf das ewige Leben im Himmel warten, bis sie Seligkeit auch im buchstäblichen Sinn selig erleben durften. Der Himmel tat sich schon heute über der Erde auf, die Engel zogen Herrscher, aber auch Bürger und Bauern hinauf in das ewige Leben.

Eine ungeheure Baulust hatte die Menschen erfasst, alle Menschen. Marterln und kleine Kapellen waren ebenfalls Frucht des Barock wie atemberaubend schön ausgestattete Kirchen und prunkvolle Paläste. Die Baulust war zum Teil auch Folge des Wunsches, sein Geld sicher anzulegen, und die Barockbaumeister und Maler profitierten davon. Sie kamen aus Italien, später auch – und das waren die bekanntesten – aus Österreich: die beiden **Fischer von Erlach**, **Johann Lukas von Hildebrandt**, **Jakob Prandtauer**, **Josef Munggenast**, zudem **Daniel Gran** und die anderen Maler der Zeit.

Barock: Das hieß aber auch Theater und Musik. Fast alle Habsburger Kaiser spielten und komponierten, manche Stücke werden auch heute noch aufgeführt. Andererseits war das Barocktheater, vom Jesuitentheater übernommen, gleichfalls ein Zeichen der Zeit, mit aufwändigen Dekorationen und Bühnenmaschinerien; der »Deus ex Machina«, ein plötzlicher göttlicher Helfer, feierte wahre Triumphe. Er sprang freilich nicht, wie in den meisten Inszenierungen der Salzburger Festspiele, als Mammon aus einer Geldkiste. Barock war teuer – in jeder Hinsicht. Wer wofür wie viel ausgegeben hatte bei Hof und vom Adel, wusste man nur in den seltensten Fällen – es gab keine Buchführung.

Was das Geldausgeben betraf, stand der Kaiser an der Spitze. Nicht nur seine Bauten, vor allem seine Kriege waren kostspielig. Die Mittel dafür lieh er sich. Der Präsident des Hofkriegsrats, **Raimondo Montecuccoli**, ein italienischer Feldmarschall und Militärschriftsteller, hatte es präzisiert: »Zum Kriegführen braucht man drei Dinge: Geld, Geld und noch einmal Geld.« Er war indes nicht nur ein kluger, sondern auch ein organisatorisch äußerst begabter Heerführer: Er war der eigentliche Vater der österreichischen Armee.

Auch Leopold I. war ein Vater – eben jener des österreichischen Barock. Dass weder die Gotik noch die Renaissance in Österreich, von wenigen, dafür aber überaus bemerkenswerten Ausnahmen abgesehen (etwa die Renaissance-Stallburg, der gotische Stephansturm), ihren Platz behielten, und dies im übertragenen, aber auch im buchstäblichen Sinn, hängt damit zusammen. Alles war Pracht – auch die »Ecclesia triumphans«, die Kirche, die der Armut, ja dem Elend des Volks gegenüberstand.

Dieses hatte sich indessen gegen zwei Plagen zu wehren, von denen die eine ein Elementarereignis war, die zweite die Folge einer politischen Entwicklung aus dem Osten. Die erste Plage war die **Pest**. Sie hat Österreich und im Besonderen Wien heimgesucht, kaum dass die Schrecken des Dreißigjährigen Krieges vorüber und die Wunden teilweise vernarbt waren. Die Seuche, die das Land und dessen Hauptstadt in mehreren Wellen traf und von denen jene von **1679** die furchtbarste war, soll ein Drittel der Wiener Bevölkerung hinweggerafft haben – man schreibt von **50000 Toten**. Kaiser Leopold I., der mit dem Hof die Stadt rechtzeitig verlassen hatte, gelobte die Errichtung einer Gedenksäule, der Pestsäule auf dem Graben; auch Pestsäulen in anderen Dörfern und Märkten erinnern an die Epidemie, so auch die Karlskirche in Wien, die an einen neuen Ausbruch der Pest anno 1713 gemahnt. Auch der Augustinerprediger **Abraham a Sancta Clara** mahnte die Bevölkerung – deren Unmoral sei nicht zuletzt schuld am Unglück, das die Menschen getroffen habe.

Das zweite Ereignis, mit dem Österreich, die Österreicher und der Kaiser zu kämpfen hatten, und zwar im wahrsten Sinne des Wortes, war die **Invasion der Osmanen**. Wieder wandten sich diese, diesmal unter dem Großwesir Kara Mustafa, gegen Westen. Am 14. April 1683 fiel Sofia, am 3. Mai Belgrad, am 4. Juli 1683 stand das türkische Heer, angeblich 150000 Mann stark, vor Wien, dem »goldenen Apfel der Christenheit«. Wieder hatte der Kaiserhof Wien verlassen – Leopold wollte vermeiden, als Geisel in die Hand der Türken zu fallen. Mit ihm waren zwischen 50000 und 60000 Wiener geflohen.

DIE ZWEITE WIENER TÜRKENBELAGERUNG

15. 7.–12. 9. 1683

Mit einem Heer von 150 000 Mann unter der Leitung von KARA MUSTAFA PASCHA wird Wien zum zweiten Mal von den Türken belagert. 11 500 Mann waren auf der anderen Seite zur Verteidigung der Stadt aufgeboten, sie standen unter dem Kommando von Ernst Rüdiger Graf STARHEMBERG, während Bürgermeister Andreas LIEBENBERG das zivile Stadtoberhaupt war. Bald schon schien es nur mehr eine Frage der Zeit, wann Wien fallen würde. Mit Hilfe des kaiserlichen Heeres und den Panzerreitern unter dem Polenkönig Jan Sobieski gelang es, die Türken in die Flucht zu schlagen und Wien zu entsetzen.

Zum Unterschied von 1529 war die Situation der belagerten Stadt 1683 eine für Wien immens gefährlichere. Die Türken, der städtischen Besatzung vielfach überlegen, sprengten eine Bresche nach der anderen in die Befestigungen und der Fall Wiens war eigentlich in wenigen Tagen zu erwarten. Wieder stellt sich die – allerdings völlig unhistorische – Frage, mit der sich der geschichtlich Interessierte befasst, ohne freilich einer

Antwort gewärtig zu sein: Was wäre gewesen, wenn ...? Was wäre gewesen, wenn Wien, der »goldene Apfel der Christenheit«, den Belagerern unterlegen wäre? Wenn nicht ein Kreuz, sondern ein Halbmond, besser: der türkische Sichelmond, auf der Spitze des Stephansturms angebracht worden wäre? Die Stadt war das letzte Bollwerk des christlichen Abendlands. Hätte der Islam ganz Westeuropa beherrscht, so wie er es auf der Pyrenäen-Halbinsel viele Jahrhunderte hindurch getan hatte?

Müßige Gedanken. Wien ist nicht gefallen. Zahlreiche Kundschafter, oft Kinder, aber auch **Georg Franz Kolschitzky**, der berühmteste »Spion«, brachten die Nachricht vom Nahen des kaiserlichen Reichsheeres, das 70000 Mann zählte und durch die Panzerreiter des Polenkönigs **Jan Sobieski** verstärkt war. Am **12. September 1683** stürmte das Entsatzheer, das Karl von Lothringen kommandierte, gegen die 150000 Türken, die allerdings übermüdet und kampfunlustig waren. Es war ein Sieg fast in letzter Minute. Kara Mustafa, der türkische Großwesir und Kommandant, büßte die Niederlage mit dem Tod: Er wurde auf Befehl des Sultans erdrosselt.

Der Polenkönig Sobieski – er hatte sich seine Teilnahme am Entsatz Wiens teuer ablösen lassen – zog triumphierend in die Stadt ein, ohne die Ankunft des Kaisers zu erwarten, was wiederum, nicht nur aus heutiger Sicht allzu verständlich, zu einem Zerwürfnis zwischen ihm und Leopold I. führte. Jan Sobieski hatte allerdings mehr als einen Grund, sich zu beschweren. Sein Heer hatte schwere Verluste erlitten – und die Wiener stahlen so viele Pferde der polnischen Soldaten, dass Stadtkommandant Starhemberg dies in einem eigenen Erlass mit Strafe bedrohen musste.

Der **Türkenkrieg** zog sich noch Jahre dahin, am 8. September 1688 kapitulierte Belgrad, ein Jahr später wurde Niš erobert. Die österreichisch-deutsche Armee war indessen moderner bewaffnet worden, unter anderem führte Karl von Lothringen das Bajonett ein, die in Bayonne erfundene Stichwaffe, die am Lauf des Gewehrs befestigt und im Nahkampf verwendet wurde.

Dann aber kamen der Rückschlag und die türkische Gegenoffensive. Erst als **Prinz Eugen von Savoyen**, 34 Jahre alt und Feldmarschall, das Kommando übernahm, wendete sich das Blatt wieder. Der Marschall, der zu einem der berühmtesten Heerführer der österreichischen Geschichte werden sollte, hatte sich als junger Offizier zuerst bei Österreichs Erbfeind Ludwig XIV. verdingen wollen, war zurückgewiesen worden und bekam dann von Kaiser Leopold I. ein Regiment.

Einer seiner größten Siege gegen die Türken war jener am **11. September 1697** in der **Schlacht bei Zenta**. Er war das »Schwert Habsburgs«, er konnte später, wie es in dem berühmten Lied heißt, »Stadt und Festung Belgerad« dem Kaiser »wiederkriegen«. Der Kaiser war alles, das Haus Österreich war alles, es war dieses Haus, die »Casa d'Austria«, der alles gehörte, fast wie ein Privatbesitz.

Ist Prinz Eugen wirklich der Architekt der Größe Österreichs gewesen? Er war wahrscheinlich der reichste Mann Österreichs, konnte nicht zuletzt 1714 bis 1724 als Generalstatthal-

PRINZ EUGEN VON SAVOYEN

18. 10. 1663–21. 4. 1736

Der bedeutendste Feldherr der österreichischen Geschichte kämpfte schon 1683 beim Entsatz von Wien mit. 1689 zog er gegen die Franzosen in Italien in den Krieg und wurde vier Jahre darauf Feldmarschall. Als Oberbefehlshaber des österreichischen Heeres bei den Türkenkriegen erlangte er seine größten militärischen Erfolge. Später war er noch im Spanischen Erbfolgekrieg aktiv und wurde 1703 zum Präsidenten des Hofkriegsrates ernannt. PRINZ EUGEN galt auch als hervorragender Diplomat und Ratgeber seiner Kaiser; »Kaiser Leopold I. war mein Vater, Josef I. mein Bruder und Karl VI. mein Herr«, soll er einmal gesagt haben.

ter der Niederlande kassieren, ließ sich Schlösser und Palais bauen, darunter jenes in der Himmelpfortgasse und das prächtige Belvedere, sammelte Bücher, achtete auf seine Parks (1500 Gärtner soll er beschäftigt haben) und war nicht nur Mäzen, sondern auch Kosmopolit. Er sprach Italienisch und Französisch, aber kaum Deutsch. Damit fügte er sich nahtlos in seine multikulturelle Umgebung ein: Bei Hof dominierten die Sprachen Frankreichs und Italiens, die Volkssprache wurde abgelehnt, die Aristokraten weigerten sich sie zu benützen; sie sprachen und schrieben Französisch. Vor allem die Habsburger Kaiser waren samt und sonders sprachbegabt.

> 12. Das Zeitalter Maria Theresias

>	Zeittafel
9. 7. 1701	Beginn des Spanischen Erbfolgekrieges
5. 5. 1705	nach dem Tod Kaiser Leopolds I. wird sein ältester Sohn Josef (I.) Kaiser
17. 4. 1711	mit dem frühen Tod Kaiser Josefs I. fällt das Erbe an seinen jüngeren Bruder Karl (VI.)
19. 4. 1713	Kaiser Karl VI. erlässt die Pragmatische Sanktion
6. 3. 1714	der Friede von Rastatt beendet den Spanischen Erbfolgekrieg
21. 7. 1718	Friede von Passarowitz
20. 10. 1740	mit dem Tod Kaiser Karls VI. wird den Bestimmungen der Pragmatischen Sanktion zufolge seine älteste Tochter Erzherzogin Maria Theresia seine Nachfolgerin
16. 12. 1740–28. 7. 1742	Erster Schlesischer Krieg
4. 6. 1741	Ausweitung des Ersten Schlesischen Krieges zum Österreichischen Erbfolgekrieg
14. 8. 1744–25. 12. 1745	Zweiter Schlesischer Krieg
13. 9. 1745	Franz Stephan wird zum römisch-deutschen Kaiser gekrönt
18. 10. 1748	Friede von Aachen, Ende des Österreichischen Erbfolgekrieges, Anerkennung der Pragmatischen Sanktion, Schlesien fällt an Preußen
ab 1749	umfassende zentralistische Staatsreform
29. 8. 1756–15. 2. 1763	Siebenjähriger Krieg geht mit dem Frieden von Hubertusburg zu Ende

Türken und Franzosen, der Sultan und Ludwig XIV. waren Jahrzehnte, im Fall der Osmanen Jahrhunderte, hindurch Österreichs Feinde. Was Frankreich betrifft, ist der Ausdruck »Erbfeind« sogar wörtlich zu nehmen. Sein König war sofort zur Stelle, als der letzte spanische Habsburger am 1. November 1700 kinderlos starb, **Carlos II.**, dessen Regierung man als »Zeitverschwendung« betrachtete. **Ludwig XIV.** war mit ihm verwandt, aber auch **Leopold I.** Beide Monarchen wollten einen Nachfolger auf den Thron bringen: Ludwig seinen Enkel Philipp, Leopold seinen zweitältesten Sohn Karl. Prinz Eugen riet dem Kaiser zum Krieg, er dauerte – als **Spanischer Erbfolgekrieg** – 13 Jahre. England war mit Österreich verbündet, sein Feldherr, der Herzog von Marlborough, ein Vorfahre Winston Churchills, besiegte gemeinsam mit Prinz Eugen die Franzosen und ihre Bundesgenossen (darunter Preußen, Savoyen und Portugal) bei Höchstädt und etliche Jahre später bei Malplaquet.

Dann aber kamen in England unter Queen Anne die Tories an die Macht und England zog sich aus dem Krieg zurück. Dieser nahm prompt einen für Österreich ungünstigen Verlauf, Leopold und sein Berater Prinz Eugen schlossen am **6. März 1714** den **Frieden von Rastatt**. Er brachte dem Kaiser mehr, als zu erwarten gewesen war: die spanischen Niederlande, Mailand, Mantua, Neapel und die Insel Sardinien. England, gleichfalls am Frieden beteiligt, bekam die französischen Kolonien in Nordamerika und Gibraltar. Die Spanier stiegen nicht minder positiv aus, Philipp V. blieb König und behielt seine Kolonien in Mittel- und Südamerika.

Noch vor dem Ende des Spanischen Erbfolgekriegs war Kaiser Leopold I. gestorben, und auch sein Sohn **Josef I.** erlebte den Frieden von Rastatt nicht mehr. Dieser Josef ist wieder eine jener Gestalten der österreichischen Geschichte gewesen, die – wahrscheinlich, weil sie so kurz regierten – verkannt, in den Geschichtsbüchern nicht entsprechend vertreten, in den Schulen nicht ausreichend behandelt worden sind. Er blieb, heißt es, eine »hoffnungsvolle Episode«, eine zwischen Leopold I. und Karl VI. Als 26-Jähriger ist er seinem Vater gefolgt, als 32-Jähriger starb er an Pocken. Auch er sprach mehrere Sprachen und war, ein Unikum in der Reihe der Habsburger Kaiser, an Wirtschaftsproblemen interessiert.

Wien war ja im Grunde kein Platz für Wirtschaftstheoretiker, die Nachwelt hat nicht viele von ihnen aufgezeichnet. Einer war **Philipp Wilhelm von Hörnigk**, dessen Buch mit dem nach wie vor populären Titel »Österreich über alles, wenn es nur will« schon 1684 erstmals erschienen ist. Was Österreich nicht wollte, waren Kolonien. Es beschränkte sich auf die Besiedlung geografisch näher liegender Gebiete – jenen in Südungarn. Die »Kolonisten« wurden vom Kaiser – es war bereits Josefs Bruder Karl VI. – aus Schwaben, Franken, dem Rheinland, Niederösterreich und anderen Gegenden gerufen, waren nicht nur Bauern und Handwerker, sondern auch Ärzte, Lehrer, Priester, und sie heißen noch heute »Donauschwaben«.

Die Siedler besetzten jene Gebiete, die seinerzeit den Türken abgenommen worden waren. Die Osmanen indes rückten wieder nach Westen vor. Sie hatten die venezianischen Besitzungen in Griechenland angegriffen, sich auf der Halbinsel Peloponnes festgesetzt und Miene gemacht, sich gegen das östliche Mitteleuropa zu wenden. Prinz Eugen, noch immer Feldmarschall des Kaisers, trat ihnen mit seiner Armee entgegen. Er siegte bei Peterwardein an der Donau und nahm schließlich nach einer langen Belagerung auch Belgrad ein – mehr durch Glück als durch militärische Klugheit.

Am **21. Juli 1718** wurde der **Friede von Passarowitz** geschlossen. Wieder konnte Prinz Eugen seinem Kaiser eine beträchtliche Gebietserweiterung erhandeln, unter anderem das Banat sowie Teile Serbiens, Bosniens und der Walachei. 1720 übernahm Österreich dann Sizilien im Tausch gegen Sardinien. Nie ist der österreichische Staatsverband umfangreicher gewesen als in jener Zeit.

Karl VI. hat den Feldherrn, der zu wiederholten Malen das Reich gerettet hatte, dem Kaiser, wie gesagt, sogar »Stadt und Festung Belgerad wiedergekriegt« hat – Karl VI. hat diesen Prinzen Eugen im Grunde nie gemocht. Bei dessen Begräbnis war er abwesend – er zog es vor, zu jagen. Vorher noch aber verließ er sich zum letzten Mal auf den erfahrenen Heerführer, der sein Alter nicht mehr verbergen konnte: Im **Polnischen Erbfolgekrieg** standen zwei Anwärter auf die polnische Krone, der vom Kaiser unterstützte sächsische Kurfürst Friedrich August III. und der von Frankreich vorgeschlagene Fürst Stanislaw Leszczynski, einander als »Doppelkönige« gegenüber. Nach mehreren Schlachten verlor Habsburg Neapel und Sizilien, Leszczynski verlor Polen und erhielt von Frankreich dafür Lothringen geschenkt, der es an die Franzosen zurückverkaufte. Dafür ist der Lothringer Herzog **Franz Stephan**, der spätere Gemahl Maria Theresias, mit der **Toskana** entschädigt worden. Es waren Tauschgeschäfte, wie sie bis ins 19. Jahrhundert hinein zwar nicht üblich, aber auch nicht ungewöhnlich waren.

Karl VI. ist eigentlich in Wien, obgleich er mehr als drei Dezennien lang regierte, nie heimisch geworden. Man nannte auch ihn zeit seines Lebens den »Spanier«, nicht zuletzt wegen des spanischen Hofzeremoniells, das er einführte – als Erinnerung an jenes Spanien, das er verloren hatte und doch immer noch heiß liebte. Er trug nur Schwarz, lächelte nie in der Öffentlichkeit, war mit zunehmendem Alter misstrauisch und verdrossen.

Hinzu kam, dass er die Hoffnung aufgegeben hatte, noch einen Thronerben zu bekommen. Er war mit Elisabeth Christine von Braunschweig-Wolfenbüttel verheiratet, die ihm vier Kinder gebar. Leopold, der Erstgeborene, starb noch im frühesten

Kindesalter. Die älteste Tochter war Maria Theresia. Um ihr und allen weiteren weiblichen Nachkommen im Hause Habsburg die Thronfolge zu sichern, erließ Kaiser Karl VI., einer Anregung kroatischer Stände folgend, am **19. April 1713** die so genannte **»Pragmatische Sanktion«**. Diese sollte Garant dafür sein, dass die weibliche Erbfolge in den österreichischen Ländern akzeptiert würde.

Allein, die Pragmatischen Sanktion war, kaum lag der Kaiser in der Kapuzinergruft, das, was viele schon vorher angenommen hatten: ein Fetzen Papier. Seine älteste Tochter, eine junge Frau, **Maria Theresia**, gerade 23 Jahre alt, verheiratet mit Franz Stephan von Lothringen, sah sich gezwungen, ihr Erbe gegen eine Übermacht zu verteidigen. Sie hatte bisher nie von Staatsgeschäften gehört, geschweige denn an ihnen teilgenommen, ist von der Gräfin Fuchs, der »Füchsin«, erzogen worden (sie ist die einzige Nicht-Habsburgerin, die auf Wunsch Maria Theresias in der Kapuzinergruft bestattet werden durfte), hatte bei ihrem Regierungsantritt zwangsläufig die alten Berater ihres Vaters – der jüngste war 67 – übernehmen müssen und stand allein – ihr Mann war ihr nicht die Hilfe, die sie brauchte. Nur auf die Ungarn konnte sie, die Erzherzogin von Österreich und Königin von Ungarn und Böhmen, sich verlassen. Zu ihnen nahm sie Zuflucht, als **Friedrich II.**, der König von Preußen, ohne

DIE PRAGMATISCHE SANKTION

19. 4. 1713

Neben der Regelung, dass es eine weibliche Erbfolge in den österreichischen Ländern geben darf, wurde auch die Einheit der österreichischen Länder, also auch Böhmens und Ungarns, in der PRAGMATISCHEN SANKTION fixiert. Sie waren fürderhin unteilbar und untrennbar – indivisibiliter ac inseparabiliter. Ab 1720 bestätigten die Stände der österreichischen Länder und der ungarische Reichstag das Gesetz und nach zähen Verhandlungen und teuren Zugeständnissen Österreichs anerkannten auch die meisten europäischen Länder das neue Haus- und Grundgesetz der Habsburger.

Kriegserklärung in Schlesien eingerückt und die Österreicher bei Mollwitz vernichtend geschlagen hatte. Es war dies der **Erste Schlesische Krieg**, zwei weitere sollten folgen, Schlesien ist am Ende zur Beute des Preußenkönigs geworden.

Verzweifelt hat sich zu Beginn dieses **Österreichischen Erbfolgekriegs** (immer wieder ist im 18. Jahrhundert um die diversen europäischen Erbfolgen gestritten und gekämpft worden) Maria Theresia in Pressburg, damals Ungarns Hauptstadt, am 11. September 1741 an den ungarischen Reichstag gewandt. Sie soll – aber das ist Legende – ihren kleinen Sohn Josef, den späteren Kaiser, im Arm gehalten haben. Keine Legende ist, dass sie die Herzen der ungarischen Magnaten mit einer in lateinischer Sprache gehaltenen Rede derart rühren konnte, dass die Adeligen mit gezogenen Degen unisono einen Treueschwur riefen: »Vita nostram et sanguinem consecramus!« In der Tat stellten die Ungarn dann eine Streitmacht auf, die 1742 in München – auch Bayern hatte sich im Erbfolgekrieg gegen Österreich gewandt – einzog.

Friedrich II. indes, in Deutschland wurde und wird er »der Große« genannt, ist Maria Theresias neuer Erbfeind geworden. Die Hälfte ihrer Regierungszeit erlebte sie mit Kriegen gegen ihn und andere, der **Siebenjährige Krieg**, bei dem es unter anderem wieder um Schlesien ging, brachte die Höhepunkte dieser Auseinandersetzung und gewaltige Siege Österreichs, so bei Kolin und Kunersdorf; dort war die Niederlage der Preußen so schwer, dass Friedrich an Selbstmord dachte. Maria Theresia stiftete nach der **Schlacht von Kolin** den **Militär-Maria-Theresien-Orden**, bis 1918 die höchste Auszeichnung der österreichischen Armee, deren Träger »Maria-Theresien-Ritter« hießen. Der Orden wurde für außergewöhnliche Tapferkeitshandlungen verliehen, die über einen Befehl hinausgingen.

Im **Frieden von Hubertusburg**, der **1763** den Krieg beendete, wurde Schlesien, so wie schon beim Ersten Schlesischen Krieg, den Preußen zugesprochen. Dafür ist insgesamt 21 Jahre lang gekämpft worden, angeblich soll es eine Million Tote gegeben haben. Die Entscheidung war gekommen, als die Zarin Elisabeth, die mit Maria Theresia verbündet war, starb und der neue Zar, Peter III., der Friedrich verehrte, den Preußen zu Hilfe kam.

Maria Theresia wird immer »Kaiserin« genannt – sie ist es nie gewesen. Sie war, wie gesagt, Erzherzogin von Österreich und Königin von Böhmen und Ungarn. Ihr Gemahl ist 1745 zum Kaiser gewählt worden – als Franz I. Da er aus dem Hause Lothringen stammte, ist die Dynastie seither »**Habsburg-Lothringen**« genannt worden. Als Gemahlin des Kaisers hat sich für Maria Theresia die Bezeichnung Kaiserin eingebürgert. Außenpolitisch ist sie eher glücklos gewesen, vielleicht nicht zuletzt, weil sie zu viel auf ihren Berater **Kaunitz** gehört hat. Ihre Siege erfochten die, wie Historiker behaupten, wesentlich tüchtigeren Heerführer **Laudon** und **Daun**. Aber Kaunitz war ansonsten ihre politische Stütze, der Mann, der ihr half, die Erblande zu regieren, der auch mitwirkte, die vielen Reformen Maria Theresias in die Tat umzusetzen.

Diese Reformen, die Maria Theresia in ihren Ländern durchgeführt, in vielen Fällen auch durchgesetzt hat, sind weitaus mehr für ihren Nachruhm verantwortlich als ihre Siege und Niederlagen. Es war das Zeitalter des aufgeklärten Absolutismus; die Reformen der Herrscherin umfassten das Strafrecht ebenso wie die Schulpolitik, das Finanz- ebenso wie das Agrarwesen. Drei Namen stehen für Maria Theresias Neuerungen – Männer, die diesem **aufgeklärten Absolutismus** nahe standen, ohne sich aber ihm verschrieben zu haben. Da war **Josef von Sonnenfels**, jener Mann, der vor allem deswegen berühmt wurde, weil er die **Abschaffung der Folter** erreichen konnte. Aus einem mährischen Rabbinergeschlecht stammend, befasste er sich indes nicht nur mit dem Strafrecht, sondern auch mit Finanzen, Gewerbe und dem Polizeiwesen. Da war

Gerard van Swieten, aus Holland kommend; er war nicht nur Leibarzt Maria Theresias (und als dieser nicht sehr erfolgreich), sondern setzte Reformen der Universitätsstudien durch, führte die allgemeine Pockenschutzimpfung ein, erreichte als Chef der obersten Zensurbehörde ein Ende der Razzien in den Buchhandlungen und der von kirchlichen Stellen befohlenen Bücherverbrennungen. Was er nicht erreichen konnte, war die Auflösung der »Keuschheitskommission«, deren Aufgabe es war, darauf zu achten, dass es »intime Beziehungen« nur während der Ehe gab. Ein Mann, der darüber sehr erbost war, ist Casanova gewesen, der während eines Aufenthalts in Wien sich bitter über die Keuschheitskommission beklagte.

Friedrich Wilhelm Haugwitz wieder, ein Sachse, hat Finanzen und Verwaltung in Ordnung gebracht. Es gibt keinen Bereich, der von der »Landesmutter« Maria Theresia nicht beobachtet und dann erneuert wurde. Auch das Religionswesen blieb davon nicht verschont, die tief katholische Kaiserin ist zum Unterschied von ihrem Sohn Josef II. der barocken Frömmigkeit anhängig gewesen, was sie aber nicht davon abhielt, das »Sacerdotium«, also das Wesen der klerikalen Ämter, auf Lehre, Sakramente, Gottesdienst und Seelenheil zu beschränken.

Ihre Ehe mit Kaiser Franz I. war eine echte Liebesheirat gewesen, aus der 16 Kinder entsprangen – die bekanntesten sind Josef II., Leopold II. (die beide später Kaiser wurden) und Marie Antoinette. Als der Kaiser starb, legte Maria Theresia Witwenkleider an und trug sie bis zu ihrem eigenen Ableben. Als sie nicht mehr ohne Beschwerden gehen konnte, ließ sie sich einen Aufzug in die Kapuzinergruft konstruieren. Ihr Sohn Josef II. schrieb nach dem Tod seiner Mutter an Staatskanzler Kaunitz: »Das schreckliche Unglück, das mich zu Boden drückt, wird Ihnen, mein teurer Fürst, schon bekannt sein. Ich habe aufgehört, Sohn zu sein, und dies war es doch, was ich am besten zu sein glaubte.«

> 13. Die Aufklärung Josefs II. und Leopolds II.

>	Zeittafel
18. 8. 1765	nach dem plötzlichen Tod Kaiser Franz' I. Stephan wird sein ältester Sohn als Josef II. Kaiser und Mitregent Maria Theresias in Österreich
5. 8. 1772	die erste Teilung Polens bringt für Österreich ganz Galizien
6. 12. 1774	Einführung der allgemeinen Schulpflicht
7. 5. 1775	Besetzung und Einnahme der Bukowina
2. 1. 1776	Abschaffung der Folter in Österreich
29. 11. 1780	nach dem Tod Maria Theresias ist Josef II. Alleinregent
13. 10. 1781	Kaiser Josef II. erlässt das Toleranzedikt
16. 1. 1783	die »Civil-Ehe« wird eingeführt
20. 2. 1790	nach dem Tod Kaiser Josefs II. tritt sein jüngerer Bruder, Großherzog Leopold von Toskana, die Nachfolge an

Am 18. August 1765 ist Franz Stephan von Lothringen in Innsbruck gestorben, am 17. September desselben Jahres machte Maria Theresia ihren ältesten Sohn, der bereits knapp anderthalb Jahre vorher nominell zum römisch-deutschen König gewählt worden war, zu ihrem Mitregenten. Was aber erst Mutterliebe gewesen war, wandelte sich im Lauf der Zeit, ja relativ schnell, zu permanenten Kontroversen: Zwei Reformer stießen da aufeinander, wobei die eine, die Kaiserin, behutsam vorging, während **Josef II.** überstürzt, schnell und dynamischer, als seine Mutter es vorgezogen hätte, seine eigenen Neuerungen durchzog.

Auch diese betrafen sämtliche Bereiche des menschlichen Lebens, des Lebens seiner Untertanen, aber das, was Josef tat, wurde zu Recht als »**Revolution von oben**« bezeichnet, eine Revolution, die eine solche des Volkes, wie es in Frankreich geschah, eigentlich überflüssig machte; Österreich ist von den Wirren der Französischen Revolution so gut wie unberührt geblieben.

Josef II. hat dafür gesorgt. Er war ein aufgeklärter Monarch, seine radikalen Auffassungen waren mehr als ein Generationenkonflikt. Sie waren das Aufeinanderprallen barocken Monarchenbewusstseins mit dem **aufgeklärten Absolutismus** des ausgehenden 18. Jahrhunderts. Nirgendwo ist dies besser zu sehen als in der Kapuzinergruft, wo Josefs schmuckloser Sarg neben dem reich verzierten Sarkophag seiner Mutter steht.

Josefs Reformen griffen tief. Man hat den Kaiser oft als Atheisten verschrien – was nicht stimmt. Die Klosteraufhebungen, die er in die Wege leitete, weil auch die Kleriker seiner Meinung nach zu nützlichen Arbeiten herangezogen werden sollten, waren zahlenmäßig weitaus geringer, als Zeitgenossen behaupteten. Trotzdem reiste Papst Pius VI. nach Österreich um den Kaiser umzustimmen. Bei Neunkirchen, auf freiem Feld, wurde er von Josef II. empfangen. Der Kaiser blieb hart.

Aber er war bei seinen Untertanen beliebt. Sein Wahlspruch war: »Alles für das Volk, aber nichts durch das Volk.« Er war ein Vorkämpfer für Liberalismus und Demokratie und andererseits ein Anhänger der Diktatur. Er führte Deutsch als Amtssprache auch in Ungarn ein und ersetzte dadurch das Latein, das bisher in den ungarischen Ämtern vorgeschrieben war – eine Maßnahme, die bei den Ungarn nicht gerade auf Gegenliebe stieß.

Das »**Untertanenpatent**« hob die Leibeigenschaft auf. Das »**Toleranzedikt**« erlaubte die freie Religionsausübung der Protestanten, ein »**Judenpatent**« leitete deren Emanzipation und Eingliederung in die bürgerliche Gesellschaft ein. Josef führte die »**Civil-Ehe**« ein, er reformierte die medizinische Versorgung, ja er erneuerte sogar die Totenbestattung und ließ den sattsam bekannten Klappsarg einführen, der mehrfach verwendet werden konnte, weil das Bodenbrett sich öffnen ließ.

Maria Theresia starb 1780, Josef, der 15 Jahre Mitregent seiner Mutter gewesen war, lebte noch zehn Jahre als Alleinherrscher. Er sorgte dafür, dass das Vermögen der aufgelassenen Klöster und Pfarren als »Religionsfonds« zur Bezahlung der Priester diente, die somit Staatsangestellte wurden. Er schuf ein neues Diözesansystem – die Ausdehnung der jeweiligen Diözesen gilt auch heute noch. Josef suchte dabei immer den Kontakt mit dem Volk, dem er auch inkognito nachstrebte. Er reiste nicht nur durch die Erbländer, sondern besuchte viele Hauptstädte Europas. Legendär ist sein Versuch, den Acker eines böhmischen Bauern höchstpersönlich zu pflügen. Zeit seines Lebens, aber noch mehr nach seinem Tod, rankten sich Geschichten um ihn, den »guten Kaiser«. Fast in jedem Haus hing sein Bild und eine Metallgießerei stellte sogar auf Bestellung gleichsam am laufenden Band Denkmäler her. Die Liebe und Zuneigung seiner Untertanen werden nicht zuletzt durch ein Gerücht symbolisiert, das jenem ähnelt, das um Karl den

Großen und Friedrich Barbarossa gesponnen worden ist: Josef II. sei gar nicht gestorben, sagten die Leute, irgendwann einmal werde er wiederkommen.

»Besser ein mittelmäßiger Friede als ein glücklicher Krieg«, hat Maria Theresia ihrem Sohn gesagt. Josef hielt sich nicht daran. Er trug stets den bunten Rock des Soldaten, er soll es gewesen sein, der im Hause Habsburg die Generalsuniform als das alltägliche Amtskleid des Kaisers eingeführt hat.

Josef, der Uniformierte, hat mit diesem Exterieur indes den Preußenkönig Friedrich II. nachgeahmt – er hat ihn, sehr zum Unterschied von seiner Mutter, die Friedrich zeitweilig als »das Monstrum« bezeichnete, sehr geschätzt.

Im Inneren der Aufklärer, war Josefs Außenpolitik rücksichtslos, allerdings sehr zum Nachteil seines Landes. Als er völlig unmotiviert den Türken wieder einmal den Krieg erklärte, erlitten die Österreicher in zwei Schlachten bittere Niederlagen. Feldmarschall Laudon konnte den Krieg schließlich doch zu einem Ende führen, das mit dem **Frieden von Sistowa** (heute Bulgarien) besiegelt wurde. Aber da war der Kaiser schon tot und sein Bruder und Nachfolger trug die Krone.

Dieser Bruder, **Leopold II.**, hatte als Großherzog der Toskana bereits ein Vierteljahrhundert lang in Florenz residiert. Als er nach Wien gerufen wurde um Josefs Erbe anzutreten, war er 43 Jahre alt. Er regierte nur zwei Jahre lang, war ebenso ein Aufklärer wie sein älterer Bruder, reformierte aber behutsam – und war in der Außenpolitik jedenfalls glücklicher als Josef. Während er in Wien in der Hofburg saß, schwemmte in Paris die Revolution seine Schwester Marie Antoinette unter die Guillotine. Der Kaiser hatte die Bitte seiner Schwester, ihr zu helfen, rundweg abgeschlagen: »Ich habe eine Schwester, die Königin von Frankreich. Aber das Heilige Reich hat keine Schwester und Österreich hat keine Schwester. Ich darf einzig handeln, wie das Wohl der Völker gebietet, und nicht nach Familieninteressen«, schrieb er der Tochter Maria Theresias. Er war bereit, seine Schwester zu opfern, um zu erreichen, dass das Chaos in Frankreich die dauernde Rivalität zumindest zeitweilig beenden würde. Dass Ähnliches in seinen Ländern nicht passieren könne, dafür sorgte unter anderem seine Geheimpolizei. Schon Josef II. hatte seine Untertanen überwachen lassen, Leopold II. tat dies in noch größerem Maß und nahm damit die Bespitzelungen des Vormärz vorweg.

Sowohl Josef II. wie auch Leopold II. haben, was eigentlich erstaunlich ist, zu Beginn die Französische Revolution begrüßt. Aber als die Revolution zu überborden begann, als der Wille des Volkes immer drastischer, immer drohender zum Gesetz zu werden drohte, bekam es Kaiser Leopold mit der Angst zu tun. Da wurde seine Schwester, die Königin von Frankreich, plötzlich zum Symbol für das Schicksal der europäischen Monarchen. »Die Schätze der Könige sind die Herzen der Untertanen«, soll Leopolds Wahlspruch gewesen sein. Die Herzen der Untertanen schienen sich in Frankreich gegen König und Königin gewandt zu haben. Als Ludwig XVI. und Marie Antoinette bei einem Fluchtversuch ins Ausland festgenommen und nach Paris zurückgebracht wurden, läuteten in Wien spät, aber doch die Alarmglocken. Der Kaiser traf am **25. August 1791** auf Schloss Pillnitz unweit Dresden den preußischen König **Friedrich Wilhelm II.**, den Neffen Friedrichs II., und unterzeichnete die **»Konvention von Pillnitz«**, die bewaffnete Hilfe für das französische Monarchenpaar vorsah – allerdings nicht realisierte. Denn Leopold starb am 1. März 1792, bevor er in die Tat umsetzen konnte, was er beabsichtigt hatte.

Es ist sonderbar, wie oft aus dem Humus der Kultur Blüten treiben und Früchte entstehen können, wenn gleichzeitig die Politik, ja die Weltgeschichte Wege geht, die das Gegenteil erwarten ließen. Die Zeit Josefs II., Leopolds und dann auch seines Sohnes Franz war nicht nur die Zeit unausgesetzter Kriege, die in 23 Jahren zwischen vier und fünf Millionen Tote gefordert haben. Es war auch die Epoche der hochberühmten **Wiener Klassik**, das Zeitalter **Wolfgang Amadeus Mozarts**, **Joseph Haydns**, **Ludwig van Beethovens**, später auch **Franz Schuberts**. Es war die Zeit, da in Deutschland **Goethe**, **Schiller**, später auch die deutschen Dichter der Befreiungskriege, wirkten. Die Frage, was die Ursache, die Quelle dafür ist, dass zu gewissen Zeiten an gewissen Orten sich die Genies häufen, harrt noch der Beantwortung – eine Frage, die auch im Zusammenhang mit der Vielzahl von musikalischen und schriftstellerischen Meisterwerken der Wende vom 19. zum 20. Jahrhundert gestellt werden müsste.

Faktum ist, dass sich speziell die Wiener von den politischen Ereignissen nicht abhalten ließen, ihren kulturellen Neigungen nachzugehen. Als die Franzosen Wien besetzt hatten, stellten diese vor dem Haus des damals berühmtesten in Wien ansässigen Komponisten, Joseph Haydn, eine Ehrenwache auf und machten auf diese Weise darauf aufmerksam, dass inmitten des Kriegs die Kultur auch von den jeweiligen Feinden geachtet wurde.

Zu dieser Zeit regierte bereits der letzte Kaiser des Heiligen Römischen Reiches, **Franz II.** Seine Großmutter Maria There-

WOLFGANG AMADEUS MOZART

27. 1. 1756–5. 12. 1791

WOLFGANG AMADEUS MOZART ist einer der Hauptvertreter der Wiener Klassik und weltweit wohl einer der bekanntesten Österreicher. Schon im Alter von fünf Jahren verfasste der gebürtige Salzburger sein erstes Musikstück für Klavier. Als 13-Jähriger wurde er zum erzbischöflichen Konzertmeister von Salzburg ernannt, reiste immer wieder durch Europa und wurde am 8. Juni 1782, nach einer Kontroverse mit dem Salzburger Erzbischof, aus dem Dienst entlassen. In Wien lebte er fortan als freischaffender Künstler, doch trotz zahlreicher Aufträge befand er sich ständig in Geldnot. Als er 1791 starb, musste er in einem Armengrab in St. Marx beigesetzt werden. Er hinterließ nicht weniger als 626 musikalische Werke.

sia hatte mehr als er Wert auf Musik und Schauspiel gelegt; bekannt ist die Geschichte vom sechsjährigen Mozart, der vor ihr und ihrer Familie im Schloss Schönbrunn spielen durfte und nach dem Konzert auf dem glatten Parkett ausrutschte und stürzte. Das kleine Mädchen, das ihm aufhalf, war Marie Antoinette, ein Jahr älter als Mozart. Dieser feierte seine Triumphe erst nach dem Tod der Kaiserin. 1786, also drei Jahre vor der Französischen Revolution, wurde »Le Nozze di Figaro« uraufgeführt. Das Libretto von Lorenzo da Ponte ahnte die Revolution voraus, es geißelte, auf einem Stück von Beaumarchais fußend, die Willkürherrschaft der adeligen Gesellschaft. »Die Hochzeit des Figaro« durfte aufgeführt werden, weil sich Josef II. persönlich dafür einsetzte – ein Kaiser, der sonst von Musik nicht allzu viel hielt. Er schätzte das Schauspiel mehr – unter seiner Regierung wurde das Theater »nächst der Burg« zum Nationaltheater gemacht, zu jenem Burgtheater, das in anderem Gewande noch heute existiert.

> 14. Die Entstehung des Kaisertums Österreich

>	Zeittafel
1. 3. 1792	nach dem Tod Kaiser Leopolds II. übernimmt dessen ältester Sohn Franz die Regierungsgeschäfte
20. 4. 1792–17. 10. 1797	erster Koalitionskrieg gegen Frankreich
12. 3. 1799–9. 2. 1801	zweiter Koalitionskrieg gegen Frankreich
11. 8. 1804	Proklamation des Kaiserreichs Österreich, Kaiser Franz I.
23. 9. 1805	Beginn des dritten Koalitionskriegs gegen die Franzosen
2. 12. 1805	Schlacht bei Austerlitz
26. 12. 1805	Friede von Pressburg
6. 8. 1806	Kaiser Franz legt die römisch-deutsche Kaiserwürde nieder
21./22. 5. 1809	Schlacht bei Aspern und Eßling
5./6. 7. 1809	Schlacht bei Deutsch-Wagram
15. 8. 1809	Andreas Hofer zieht in Innsbruck ein und übernimmt als Oberkommandant von Tirol die Regierung des Landes
14. 10. 1809	Friede von Schönbrunn
20. 2. 1810	Andreas Hofer wird hingerichtet
16.–19. 10. 1813	Völkerschlacht zu Leipzig, Napoleon verliert die entscheidende Schlacht gegen die verbündeten Preußen, Russen und Österreicher

Er war der »gute Kaiser Franz«. Er war jener, für den man »Gott erhalte Franz, den Kaiser« sang. Nach einer Melodie, die Joseph Haydn komponiert hatte und zu der Lorenz Haschka den Text schrieb. Er war römisch-deutscher Kaiser bis 1806 und schon 1804 Kaiser Österreichs: Franz II., später Franz I., und einer der am längsten regierenden Habsburgerkaiser. Auch er ist in Florenz geboren wie sein Vater Leopold II. Näher stand ihm sein Onkel Josef II., der sich bemüßigt fühlte, den Neffen zu einem Monarchen aufzubauen. Er hielt freilich nicht viel von ihm: Er sei, schrieb er in einer Art von Begutachtung, die er dem jungen Mann eigenhändig übergab, ein »so genanntes verzogenes Mutterkindchen«, körperlich unterentwickelt, zeige »eine unermessliche Eigenliebe, eine Trägheit im Handeln und Denken«, dazu »Körper und Seele eines Weichlings, der zu großen Sachen immer unfähig und gewohnt, von Leuten geführt zu werden«. Das abschließende Urteil Josefs II. über seinen Neffen, der dann jahrzehntelang die Monarchie führen sollte: »Einer, der zum Staatsmann nicht taugt.«

Er wurde dann wie sein Onkel ein Volkskaiser, der die Herzen seiner Untertanen besaß – und dies, obgleich ein Historiker über ihn urteilte, er sei bereit gewesen, »seine Segel nach jedem Wind zu richten, solange dieser nicht aus dem Volk wehte«. Franz war eigentlich ein Kaiser, dessen Herrschaft man nach heutigen Begriffen mit einem »Regime« gleichsetzen könnte – nur dass die Menschen das Regime seinen Beamten und vor allem auch seinem langjährigen **Staatsminister Metternich** zuschrieben; der Kaiser blieb das, was man mit einem modernen Ausdruck einen »Teflon-Herrscher« nennen könnte – einen, an dem nichts hängen blieb. Die Reste aufklärerischer Gesinnung, die er von seinem Onkel und auch von seinem Vater übernommen hatte, hatte er bald vergessen – es blieben Misstrauen, angebliche Gefühlsarmut, nicht minder angebliche Unzulänglichkeit im Menschlichen. Aber er war volksnah, hielt Audienzen am laufenden Band, bearbeitete Akten mit enormem Fleiß, allein 1802 nicht weniger als 2000. Er war ein Familienmensch, spielte Violine, fuhr in einer einfachen Kalesche und im Bratenrock spazieren und distanzierte sich immer wieder, obgleich er viel vom Spitzelwesen hielt, sowohl von diesem wie auch von der Zensur. Als ein übereifriger Zensor in Schillers »Räubern« den Satz »Franz heißt die Kanaille« streichen wollte, weigerte sich der gleichnamige Kaiser, dem zuzustimmen.

Am 1. März 1792 – wenige Monate vorher war Mozart gestorben – war Franz der Nachfolger seines Vaters Leopold geworden. Schon am 20. April griff das revolutionäre Frankreich in einem Präventivschlag die österreichisch-preußische Koalition an. Diese meinte, mit den Franzosen leicht zurande zu kommen. Als die Kanonen der Verbündeten aber die Festung Valmy nicht bezwingen konnten (als »Kanonade von Valmy« ging das Ereignis in die französische Geschichte ein), rückten die Belagerer wieder ab. Die Franzosen besetzten im Gegenzug die österreichischen Niederlande und 1793 wurden, fast als Revanche, Ludwig XVI. und wenig später Marie Antoinette guillotiniert. Das französische Volk, das sich von allen Seiten gefährdet sah, erhob sich in einem »Levée en masse« und ein Mann, der später Europa beherrschen sollte, verstand es, dieses nationale Hochgefühl für seine Zwecke einzuspannen: Es war **Napoleon Bonaparte**.

Er gab seinen Namen einer Epoche, die eine Niederlage Österreichs an die andere reihte: Es war die Zeit der Napoleonischen Kriege. Bonaparte, erst General, dann Erster Konsul und schließlich Kaiser, galt als unüberwindbar. Es ist dem jüngeren Bruder des Kaisers Franz, **Erzherzog Karl**, zu verdanken, dass dieser Ruf der Unbesiegbarkeit Napoleons zum ersten Mal widerlegt wurde: Die Österreicher unter seinem Kommando siegten bei Aspern.

Vorerst aber schritt die französische Armee von Sieg zu Sieg. Napoleons erster großer militärischer Erfolg spielte sich in Oberitalien ab, wo die Österreicher 1796/97 gleich bis in die Steiermark zurückgeworfen wurden. Immer wieder gab es Friedensverhandlungen, immer wieder **Friedensverträge** – einer der bekanntesten war der von **Campoformido** bei Udine. Napoleons Kriegslust trieb ihn bis nach Ägypten; der im Verlauf des Feldzugs gefundene »Stein von Rosette« ermöglichte die Entzifferung der Hieroglyphen. Am 9. November 1799 ernannte sich Napoleon selbst zum Ersten Konsul, am 2. Dezember 1804 krönte er sich in der Kathedrale Notre Dame gleichfalls eigenhändig zum Kaiser der Franzosen; der Papst durfte anwesend sein.

ERZHERZOG KARL

5. 9. 1771–30. 4. 1847

ERZHERZOG KARL, Sohn von Leopold II. und Bruder von Franz II./I., machte seine ersten militärischen Erfahrungen in den Kriegen 1793 gegen die Französische Revolution. Danach führte er 1796 bis 1800 die Rheinarmee mit wechselnden Erfolgen. Ab 1805 widmete er sich als Kriegsminister der Reform des Militärwesens. 1809 siegte er über den bis dahin unbesiegten Napoleon bei der Schlacht von Aspern, verlor aber wenige Wochen später die Schlacht bei Deutsch-Wagram und schloss gegen den Willen des Kaisers den Waffenstillstand von Znaim. Dies hatte zur Folge, dass er seines Amtes enthoben wurde, womit auch abrupt seine militärische Laufbahn endete. Sein Denkmal steht heute auf dem Heldenplatz in Wien.

Man hat Napoleon oft mit Hitler verglichen – und umgekehrt. In der Tat haben beide eine Neuordnung Europas unternommen, in der Tat auch sind sie später in Russland gescheitert. Napoleons Neuordnung war nicht zuletzt die Folge einer Maßnahme, die mit einem Wortungetüm bezeichnet wurde: Reichsdeputations-Hauptschluss. Er bestand vor allem in einer Zusammenlegung der mehr als tausend kleinen, kleinsten Mikro- und, wie man fast zu sagen versucht ist, Nano-Fürstentümer, also in einer Art Flurbereinigung in Deutschland, die das Ende des Heiligen Römischen Reiches Deutscher Nation einläutete. Dessen erwählter Kaiser war immer noch Franz I. – aber Napoleon mischte sich sogar in den Wahlmodus ein, entkleidete die geistlichen Kurfürsten ihrer Kurwürde, schuf ein neues Kurfürstentum Hessen-Kassel, wodurch es nun eine Mehrheit protestantischer Fürsten in diesem Gremium gab, und er ließ sogar fürchten, dass er sich selbst zum römisch-deutschen Kaiser würde wählen lassen.

Er tat es nicht, aber er verteilte Königswürden an seine Verwandtschaft und schuf dafür sogar ein neues Königreich, das »cisalpine«. Kaiser Franz konnte alldem kaum eine Initiative entgegenhalten. Napoleons Ziele kulminierten stets in einem: dem Krieg. Österreich sah sich immer in die Verteidigung gedrängt, sein Fehler, vielmehr der des Kaisers, schien immer wieder zu sein, zu spät zu agieren, ja selbst zu spät zu reagieren. Fürst Kaunitz, der alte Berater Maria Theresias, ein Bewunderer Frankreichs, legte 81-jährig 1792 sein Amt zurück, Franz ernannte den **Freiherrn von Thugut** zu seinem Nachfolger, aber als dieser den Krieg gegen Frankreich ohne Rücksicht auf Verluste unausgesetzt weiterführen wollte, musste er schließlich gehen.

Gemeinsam führten nun 1801 die **Grafen Cobenzl** und **Colloredo** die Geschäfte, zwei Hocharistokraten und konservativ wie ihr Herr, der Kaiser. Erzherzog Karl soll dazu bemerkt haben, es sei kein Wunder, dass nichts weitergehe, da »Männer zu Ministern ernannt werden, die sich öffentlich rühmen, in dreißig Jahren weder Buch noch Zeitung gelesen zu haben«.

Es war freilich auch früher nichts Positives weitergegangen. Die Schlachten, in denen zumeist die Grande Armée Napoleons siegte, sind auf österreichischer Seite von lustlosen und oft schlecht kommandierten Truppen geführt worden. Nach Erzherzog Karls Sieg bei Aspern folgte prompt, nicht einmal zwei Monate später, am 5. und 6. Juli 1809 Napoleons Sieg bei Wagram. Schon Jahre vorher, bei Rivoli (1797) und Marengo (1800), vor allem aber bei Austerlitz (1805) schlug Napoleon seine Gegner entscheidend. Kaiser Franz entschloss sich, dem Kaiser der Franzosen zumindest dadurch Paroli zu bieten, dass er, bisher nur Erzherzog von Österreich, nun auch selbst die **österreichische Kaiserwürde** annahm. Am **7. Dezember 1804** wurde diese staatsrechtliche Novität vom Balkon der Wiener Kirche Am Hof aus feierlich proklamiert, begleitet von Fanfarenstößen. Es dauerte nur zwei knappe Jahre, bis der nun als Franz I. von Österreich titulierte Monarch die deutsche Kaiserwürde zurücklegte. Das Heilige Römische Reich Deutscher Nation war endgültig tot.

Nicht tot war die Begeisterung, mit der in Deutschland und Österreich nach Freiheit und Kampf gegen Napoleon gerufen wurde. Kaiser Franz hoffte auf einen Erfolg der Armeereform, die Erzherzog Karl indessen durchgeführt hatte, und erklärte nun seinerseits Napoleon den Krieg. Der Erfolg war mäßig: In für die österreichische Armeeführung unvorstellbaren Eilmärschen drangen die **Franzosen** vor, standen am **10. Mai 1809** in **Wien**s Vororten und zogen am 13. Mai in der Haupt- und Residenzstadt des Kaisers von Österreich ein. Am 14. Oktober wurde in **Schönbrunn der Friede** geschlossen, der Österreich enorme Gebietsverluste brachte, darunter Triest, Salzburg und auch Tirol, wo die Bayern auf Befehl Napoleons die Macht übernahmen.

Schon vorher hatten sich die Tiroler Bauern gegen Franzosen und Bayern, die ihr Land besetzt hielten, gewehrt und auch gesiegt; Anführer war ein Gastwirt aus dem Passeiertal namens **Andreas Hofer**. Nach dem Frieden von Schönbrunn galten er, dem der Kaiser zuvor noch eine Ehrenkette und einen Ehrensold geschickt hatte, und seine Bauernkämpfer als Insurgenten, weil sie die Verteidigung Tirols gegen die Besatzer nicht aufgeben wollten. Noch einmal kam es am Bergisel zu einer Schlacht, dann streckte Andreas Hofer die Waffen. Es wäre ihm Straffreiheit zugesichert worden, aber falsche Freunde berichteten, dass ein Entsatzheer des Kaisers unterwegs sei. Hofer glaubte es, zog wieder in den Krieg, verlor den Kampf und musste fliehen. Der Bauer Franz Raffl, seither »Judas von Tirol« genannt, verriet Hofers Aufenthaltsort, eine Alm, gegen 1500 Gulden an die Franzosen. Tirols Freiheitsheld kam »zu Mantua in Banden« und wurde am 20. Februar 1810 in der Festung alldort erschossen.

ANDREAS HOFER

22. 11. 1767–20. 2. 1810

Andreas Hofer führte mit J. Haspinger, P. Mayr und J. Speckbacher den Tiroler Aufstand gegen die bayerische Herrschaft an. Nach Siegen am Bergisel über Bayern und Franzosen (1809) und der Tiroler Schützen über ein sächsisch-thüringisches Regiment im Eisacktal wurde er Regent von Tirol. Als Österreich im Frieden von Schönbrunn erneut auf Tirol verzichtete, setzte Hofer den Kampf fort, geriet durch Verrat in Gefangenschaft und wurde auf Befehl Napoleons in Mantua standrechtlich erschossen.

Drei Wochen später vollzog sich wieder einmal der alte, aber indessen mutierte Wahlspruch, wonach andere Kriege führen mochten, das glückliche Österreich aber heirate. Kriege hatte der Kaiser zur Genüge geführt und Österreich war darüber nicht glücklich. Aber die älteste Tochter des österreichischen Monarchen, **Marie Louise**, als Unterpfand des neuen Friedens zwischen Österreich und Frankreich gedacht, heiratete am 11. März 1810 den Kaiser der Franzosen.

Die Verbindung war von **Fürst Clemens Metternich** eingefädelt worden, dem allmächtigen Staatsminister und Ratgeber des »guten Kaisers« Franz. Sein Name steht noch heute für jene Zeit, die einerseits das Zurückziehen der Menschen in ihre vier Wände, die Beschaulichkeit, die Bequemlichkeit, gleichzeitig die Neigung zum Schönen symbolisierte und andererseits das Spitzelwesen, die Spionenfurcht, die Angst vor Unruhe und Revolution. Biedermeier stand gegen Zensur und Gefängnis, die kulturellen Höchstleistungen des beginnenden 19. Jahrhunderts standen gegen Konservativismus und Absolutismus. Der Kaiser war beliebt und sein Staatsminister verhasst. Immerhin aber konnte sich dieser noch Jahrzehnte halten, erst die Revolution von 1848 machte seinem Regime ein Ende.

Es überdauerte auch die Ehe, die er gestiftet hatte. Napoleons Stern sank, als die Grande Armée vor Moskau endete, so wie Adolf Hitlers Traum von der Weltherrschaft in Stalingrad zu Ende ging. Zuerst die **Völkerschlacht bei Leipzig** und dann jene von **Waterloo** zertrümmerten den unbändigen militärischen Ehrgeiz Napoleons. Dazwischen lagen freilich zwei weltgeschichtliche Ereignisse: der **Wiener Kongress** und die hundert Tage, in denen Napoleon noch einmal versuchte, das Ruder ebendieser Weltgeschichte herumzureißen.

> 15. Das Biedermeier und der Vormärz

>	Zeittafel
18. 9. 1814–9. 6. 1815	Wiener Kongress
18. 6. 1815	Schlacht bei Waterloo, Napoleon wird auch bei seiner Rückkehr entscheidend geschlagen
26. 9. 1815	Österreich, Preußen und Russland bilden die »Heilige Allianz«
1815–1848	Fürst Metternich (1809 Außenminister, 1821 Staatskanzler) lenkt die Monarchie mit polizeistaatlichen Methoden zur Kontrolle liberaler Strömungen (»System Metternich«)
14. 4. 1816	Salzburg fällt endgültig an Österreich
1. 8. 1832	die erste Pferdeeisenbahn von Linz nach Budweis nimmt ihren Betrieb auf
2. 3. 1835	nach dem Tod des Kaisers Franz' I. übernimmt sein ältester Sohn Ferdinand die Nachfolge
19. 11. 1837	die »Kaiser-Ferdinands-Nord-Bahn«, Österreichs erste Dampfeisenbahn, verkehrt zwischen Floridsdorf und Deutsch-Wagram
11. 3. 1845	Wiener Schriftsteller protestieren gegen die Zensur mittels Petition
10. 10. 1847	Preiserhöhungen, Lebensmittelknappheit und Entlassungen von Fabriksarbeitern führen zu Geschäftsstürmungen in Wien
3. 3. 1848	Lajos Kossuth hält im ungarischen Reichstag die »Taufrede der Revolution«, in der er eine moderne Verfassung für Ungarn fordert

Es ist nicht übertrieben, zu sagen, dass **Fürst Clemens Metternich** – freilich ist er erst relativ spät zum Fürsten erhoben worden, er war als Graf geboren –, dass also Metternich die erste Hälfte des 19. Jahrhunderts diplomatisch beherrscht hat, während Napoleon Bonaparte militärisch dominierte. Einmal trafen die beiden sogar zusammen, zu einer erbitterten Unterredung, in deren Verlauf Napoleon seinen Hut wütend auf die Erde geschleudert haben soll. Metternich, der Feinsinnige, hob ihn nicht auf. Es ziemte sich nicht für einen rheinischen Grafen.

Man hat ihn, der seine Aufgabe in der Schaffung und Beibehaltung des europäischen Gleichgewichts sah, den »Kutscher Europas« genannt. Er wurde auch als »Fels der Ordnung« apostrophiert – freilich nur von seinen Anhängern. Andere nannten ihn den »hässlichen Österreicher«. In Koblenz ist er geboren worden; dass er jede Form von Revolution ablehnte, ist darauf zurückzuführen, dass er erleben musste, wie im Verlauf der Französischen Revolution das Rathaus von Straßburg, der Stadt, in der er studierte, gestürmt wurde. Die Familie floh über London nach Wien, wo der junge Metternich Maria Eleonore Kaunitz heiratete, die Enkelin des früheren Staatskanzlers. Sie half ihm, das zu erreichen, was er nicht schon als Talent mitgebracht hatte: nämlich in die vornehme Wiener Gesellschaft Eingang zu finden. Sie

FÜRST CLEMENS METTERNICH

15. 5. 1773–11. 6. 1859

METTERNICH war einer der bedeutendsten Staatsmänner in der ersten Hälfte des 19. Jahrhunderts. Zunächst Gesandter und Botschafter in Dresden, Berlin und Paris, wurde er 1809 zum Minister für Äußeres berufen, um im Jahr darauf Staatskanzler zu werden. Mit ihm ist der Wiener Kongress ebenso verbunden wie das strenge Polizei-, Spitzel- und Zensurwesen zur Zeit des Vormärz. Nach der Märzrevolution von 1848 musste er Wien verlassen und nach London flüchten. Drei Jahre später kehrte er nach Wien zurück und übte nochmals kurze Zeit als Berater Franz Josephs politischen Einfluss aus.

half ihm auch beim Weg in die Hofburg, wo er bald zum fähigsten Diplomaten des Kaisers wurde.

Metternich, der später einer Ära und wohl auch einem System seinen Namen gab, ist einer der klügsten Politiker dieser Periode der österreichischen Geschichte gewesen – obgleich er sich, was verwunderlich ist, nie als Österreicher und noch weniger als österreichischer Patriot gefühlt hat. Er lebte und arbeitete für die Habsburgermonarchie, aber er war ein Europäer, einer im buchstäblichen und übertragenen Sinn und einer reinsten Wassers. »Mein Schreibtisch ist ein tragbares Vaterland«, soll er gesagt haben.

Ihm ist es, wie gesagt, gelungen, die Ehe zwischen Napoleon und Marie Louise zu arrangieren, ein Band, das Österreich und Frankreich von Erzfeinden zu Verbündeten machen sollte. Es war auf Seiten der Kaisertochter keine Liebesheirat; als Napoleon nach der Völkerschlacht von Leipzig in sein Exil auf Elba fuhr, blieb Marie Louise mit dem **Herzog von Reichstadt**, Napoleons Sohn, den die Franzosen »l'aiglon« nannten, in Wien. Der »kleine Adler« starb als 21-Jähriger, um ihn rankten sich zahlreiche Legenden – von seiner Romanze mit der berühmten Tänzerin Fanny Elßler bis zum Adler an der Fassade von Schönbrunn, dem in der Nacht, da der »kleine Napoleon« seinen letzten Atemzug tat, ein Flügel abbrach.

Metternich dominierte, beherrschte im fast buchstäblichen Sinn den **Wiener Kongress**, der am 18. September 1814 begann, fünf Monate nach der Abdankung Napoleons. Der »Rheingraf«, der zum »Kutscher Europas« geworden war, hatte die Kongress-Diplomatie erfunden, eine politische Art multilateraler Gespräche, die bis heute die Weltpolitik mitbestimmt. 100000 Gäste, heißt es, hat die Residenzstadt Wien damals aufgenommen, ein Kaiser, der von Russland, und vier Könige waren gekommen, dazu unzählige Fürsten, Diplomaten, Offiziere, aber auch Kleriker, Wissenschaftler, Schriftsteller und zahlreiche lebenslustige Damen, an denen vor allem Alexander I., der Zar von Russland, Gefallen fand. Österreich musste alles bezahlen, angeblich 80000 Gulden pro Tag. Der Kaiserstaat konnte es sich wieder leisten, er war bankrott gewesen, aber der Bankier Salomon Rothschild füllte aufs Neue die Kassen. Aus Dank machte Kaiser Franz den Finanzier und dessen Brüder zu Baronen.

Dem Fürsten von Ligne, einer der schillerndsten Figuren des Kongresses, wird der berühmteste Ausspruch dieser europäischen politischen Zusammenkunft zugeschrieben: »Der Kongress tanzt.« Was er wirklich sagte, zeigt seine Meinung in einem anderen Licht. Der Kongress, soll er gesagt haben, mache keine Fortschritte: »Le congrès ne marche pas, il danse.«

Die Kotillons stoppten urplötzlich, als eine Schreckensnachricht die Wiener Palais wie ein Blitz durchfuhr: Napoleon war »ausgebrochen«, war in Frankreich gelandet, marschierte mit einer immer größer werdenden Armee unter dem Jubel der Bevölkerung nach Paris und war wieder Kaiser der Franzosen. Die berühmten 100 Tage (in Wahrheit waren es 114) brachen an.

Sie endeten mit der **Schlacht von Waterloo**, Napoleon wurde wieder ins Exil gebracht, diesmal auf die abgelegene Atlantikinsel St. Helena. Der Kongress nahm seine Sitzungen wieder auf und Österreich konnte sein Territorium dank Metternich beträchtlich erweitern: bis nach Norditalien, Kroatien, Dalmatien. Um den Frieden zu sichern, der in der Tat dann Jahrzehnte dauerte, schlossen der Zar von Russland, der Kaiser von Österreich und der König von Preußen die **»Heilige Allianz«**.

Der Frieden war freilich nur einer in der Außenpolitik. Im Inneren der europäischen Staaten begann eine **Periode der Rebellionen**, die erst 1848 endete. Dazwischen lagen Revolutionen in Spanien, Portugal, Griechenland, Belgien, Polen und wieder Frankreich. Österreich war in diesen Jahren ein Hort der bequemen Friedhofsruhe: Die **Biedermeierzeit** war, wie gesagt, einerseits eine der Spitzel, Kontrollen und Zensuren, andererseits eine der kulturellen Höhenflüge. Als Kaiser Franz **1835** starb, trug er seinem Sohn **Ferdinand** noch auf dem Totenbett auf: »Regiere – und verändere nicht.«

Dieser Sohn war nach Meinung des Volks, aber auch der kaiserlichen Familie eigentlich nicht zur Regierung geeignet: Man hielt ihn für schwachsinnig, er war gehemmt, aber in Wahrheit war er nicht dumm, sondern ein Epileptiker. Eine »Geheime Staatskonferenz« regierte mit (wahrscheinlich statt) ihm, aber er war volkstümlich wie sein Vater. Als im Jahre 1848 in Wien die Revolution ausbrach und man ihm vom Aufstand berichtete, soll er gesagt haben: »Ja derfen s' denn des?« Und als er seinem Neffen und Nachfolger Franz Joseph schließlich die Herrschaft übergab und dieser ihm die Hand küsste, meinte er: »Sei nur brav; s'ist gern g'schehn.« Seine treffendste Bemerkung war die nach der Schlacht von Königgrätz, in der die Preußen gegen Österreich siegten: »Des hätt i a z'ammbracht!«, sagte er.

Ferdinand war dennoch nichts weniger als ein »Unfall« der Geschichte. Er war, so sonderbar es klingt, mutiger als seine Umgebung. Er war couragiert, als es der Courage bedurfte – und sie war notwendig, als es in Wien drunter und drüber ging. Man hat seine Regierungszeit eine »Monarchie ohne Monarchen« genannt. Das war ebenso ungerecht wie die erwähnte Unterstellung, er sei in Wirklichkeit ein Kretin auf dem Kaiserthron gewesen.

Ferdinand hat gespürt, was man von ihm hielt, wobei »man« die »Geheime Staatskonferenz« war. Einmal jedenfalls soll er energisch geworden sein. »Bin i Kaiser oder net?«, soll er seine Umgebung angeschnauzt haben. Er war Kaiser, ohne Zweifel, obgleich er erst als 42-Jähriger – ungewöhnlich spät für einen Habsburger-Monarchen – an die Regierung kam. Er hielt sich genau an den Ratschlag seines Vaters Franz I. und versuchte nichts zu verändern. Fürst Metternich bestärkte ihn unausgesetzt in dieser Politik – so weit er, Metternich, sie nicht selbst betrieb, was zumeist der Fall war.

Die Periode vom Wiener Kongress bis zum Revolutionsjahr 1848 wurde als »**Vormärz**« bekannt und als ihr Hauptmerkmal, obzwar es keineswegs das einzige war, galt die Zensur. Auch das Spitzelwesen, die umtriebige Geheimpolizei, die überfüllten Gefängnisse waren die eine Seite des Ferdinand- und Metternich-Regimes. Die andere war, abgesehen von den kulturellen Höhenflügen, eine Lebenslust, wie sie später erst wieder in der Strauß-Ära zu bemerken war. Charakteristisch für diese Lebenslust ist der Walzer, der in diesen Jahren allenthalben getanzt wurde, bei den Bällen, aber auch bei volkstümlichen Festen – überall dort, wo die Heiterkeit den Ernst des Lebens zu überdecken suchte, jenen Ernst, der nicht zuletzt in den Fabriken und von der immer zahlreicher werdenden Arbeiterschaft verspürt wurde.

Wien, die Reichshaupt- und Residenzstadt, wurde in diesen Jahren zum Mekka der Musik; schon **1812** wurde die **Gesellschaft der Musikfreunde** gegründet, **1842** gaben die **Wiener Philharmoniker** ihr erstes Konzert, im folgenden Jahr wurde der **Wiener Männergesangverein** ins Leben gerufen. Es war eben die Biedermeierzeit. Dass sich unter der Oberfläche die Revolution vorbereitete, ahnte noch niemand – es ahnten dies auch nicht die Mitglieder der erzkonservativen »Geheimen Staatskonferenz« und ihr Präsident, der jüngste Bruder des Kaisers Franz, Erzherzog Ludwig, dessen Maxime aufs Haar jener des verstorbenen Kaisers glich. »Liegen lassen ist die beste Erledigung.«

> 16. Das Franziskojosephinische Zeitalter

>	Zeittafel
13. 3. 1848	Ausbruch der Revolution in Wien (Märzrevolution)
6. 10.–31. 10. 1848	Oktoberrevolution in Wien
2. 12. 1848	Abdankung Ferdinands I.; Thronbesteigung Franz Josephs I.
7. 3. 1849	Verkündung der Märzverfassung
31. 12. 1851	Franz Joseph erlässt das Silvesterpatent
24. 6. 1859	Schlacht von Solferino
20. 10. 1860	das Oktoberdiplom wird von Franz Joseph verkündet
26. 2. 1861	das Februarpatent stärkt die zentralistische Kraft im Staat
3. 7. 1866	Schlacht bei Königgrätz
20. 7. 1866	Seeschlacht bei Lissa
15. 3. 1867	Ausgleich mit Ungarn
21. 12. 1867	die Dezemberverfassung tritt in Kraft, trägt liberale Züge
1. 5. 1873	die Weltausstellung in Wien wird eröffnet
9. 5. 1873	der große Börsenkrach in Wien
7. Oktober 1879	Bündnis Österreichs mit dem Deutschen Reich (»Zweibund«); Beitritt Italiens 1882 (»Dreibund«)
2. 6. 1882	Gründung des »Deutschnationalen Vereins«
7. 3. 1887	Gründung des »Christlichsozialen Vereins«
1888/1889	mit dem Hainfelder Parteitag konstituiert sich die Sozialdemokratische Partei

Es mag ein Zufall sein, vielleicht auch ein mehrfacher Wink der Geschichte, dass sich jene Veränderungen, die Österreich jeweils bis in seine Grundmauern erschütterten, rund um die berühmt-berüchtigten »Iden des März« ereignet haben. Am 13. März 1848 begann die Revolution, die jene Veränderung mit sich brachte, von der weder Franz noch Ferdinand etwas wissen wollten. Am 15. März 1867 wurde der Ausgleich mit Ungarn, somit die eigentliche Gründung der Doppelmonarchie vollzogen. Am 13. März 1938 wurde Österreich von Deutschland annektiert.

Es mag seit Caesars Ermordung etwas Sonderbares sein um diese Iden. Schon in den letzten Jahren vor 1848 hatte es zu gären begonnen, der »liberale Geist« rührte sich auch in Österreich. In Ungarn nahm der Nationalismus zu, der Adel und ein Teil des Bürgertums riefen die Werte des Magyarentums in Erinnerung, der ehemalige Rechtsanwalt **Lajos Kossuth** trat zum Unterschied vom Grafen Szechenyi, der Reformen im Einverständnis mit dem Kaiser vorschlug, mit einem sozialrevolutionären Programm vor die Öffentlichkeit. Beide waren freilich in einem einig: im Kampf um die Muttersprache.

Am 3. März hielt Kossuth vor dem ungarischen Landtag in Pressburg eine zündende Rede. Die Revolution in Paris trug dazu bei, dass sich endlich auch eine Reihe von österreichischen Institutionen, so die Interessenvereinigung der Industriellen, die Buchhändler und verschiedene Bürgervereine, schließlich auch die Studenten der Wiener Universität mit Petitionen zu Wort meldeten.

Am 13. März trat der niederösterreichische Landtag, liberal, aber kaisertreu, im Landhaus in der Wiener Herrengasse zusammen. Studenten marschierten vor dem Haus auf, der junge Arzt **Dr. Adolf Fischhof** hielt eine Ansprache, die Studenten forderten die Entlassung Metternichs.

Kaiser Ferdinand I. bewies, dass er keinesfalls seiner Sinne nicht mächtig sei: Er wollte keine Gewalt ausüben und die Forderungen der Studenten nach Möglichkeit erfüllen. Metternich war dagegen, des Kaisers Vetter Albrecht ließ schießen, es gab Tote, der Aufstand breitete sich aus. Er sollte alle Gebiete der Monarchie ergreifen, vor allem auch die italienischen. Metternich floh nach London, in Italien siegten die Österreicher unter Feldmarschall Radetzky.

Es war, wie geschrieben wurde, dies alles, was im **»Sturmjahr« 1848** geschah, die schwerste Krise des Habsburgerreiches seit seinem Bestehen und sie spielte sich auf verschiedenen Schauplätzen und auf mehreren politischen Ebenen ab. Es war in Österreich eine bürgerlich-liberale, teilweise auch eine soziale Revolution, entzündet auch durch eine Missernte. Es war in Italien und Ungarn eine nationale, teilweise soziale Revolution. Sie wurde, vor allem, als sie im Herbst 1848 erneut ausbrach, mit blutigen Maßnahmen zurückgeschlagen.

Ungarische Truppen marschierten bis zur österreichischen Grenze, während sich in Wien gleichfalls Revolutionsgarden gebildet hatten. **Alfred Fürst Windischgrätz** und der Banus von Kroatien, Feldmarschall-Leutnant **Josef Graf Jellačić**, schlugen aber diese Wiener Revolution brutal und teilweise grausam nieder, die Anführer wurden erschossen. Kaiser und Hof waren nach Olmütz geflohen, im nahen **Kremsier** sollte der noch aus der Revolution hervorgegangene **Reichstag** eine demokratische Verfassung ausarbeiten – die nie in Kraft trat. **Ferdinand trat zurück**.

Eigentlich hätte sein Bruder Franz Karl die Herrschaft übernehmen sollen, dessen Frau Erzherzogin Sophie hielt aber nicht viel von ihrem Mann, sie wollte ihren Sohn Franz auf den Thron bringen. Dieser wurde Kaiser und nahm als zweiten Namen »Joseph« an, dergestalt symbolisierend, dass er, wie Josef II., auf Erneuerung setzte, aber, gleichfalls wie Josef, auf eine Revolution von oben.

Was hat das »Sturmjahr« 1848 gebracht? Viele Tote, aber politisch eigentlich nur das Ende der Grundherrschaft, das der junge Abgeordnete Hans Kudlich erwirkte. Neue Gesellschaftsschichten, das Bürgertum und das Proletariat, strebten zwar zur Macht. Aber sie wurde von ihnen noch nicht erreicht. Der Neo-Absolutismus hinderte sie daran.

Bei diesem Neo-Absolutismus hätte man das »neo« ruhig streichen können. Es war Absolutismus in reinster Form; was Josef II. an Reformen durchgedrückt hatte, war kaum mehr zu merken. **Franz Joseph** herrschte »von Gottes Gnaden« als unbeschränkter Monarch. Das heißt: In den ersten Jahren herrschte seine Mutter Erzherzogin Sophie, die ihren jugendlichen Sohn mehr als beeinflusste. Sie war die eigentliche Kaiserin. Unter einen Brief, den Franz Joseph seiner Mutter im Jahre 1851 schrieb und in dem er erklärte, man habe »das Konstitutionelle über Bord geworfen und Österreich hat nur mehr einen Herrn«, notierte sie: »Gott sei gelobt!«

OKTOBERREVOLUTION 1848

6. 10.–31. 10. 1848

Höhepunkt der revolutionären Ereignisse von 1848 in Österreich ist die so genannte Oktoberrevolution. Auslöser ist ein Grenadierbataillon, das sich weigert, gegen das revolutionäre Ungarn zu marschieren. Arbeiter und Studenten schließen sich den meuternden Soldaten an und es kommt zu blutigen Straßenkämpfen, bei denen auch der Kriegsminister LATOUR von der Menge gelyncht wird. Der Hof flieht mit Ferdinand I. nach Olmütz. Windischgrätz und Jellačić beginnen mit der Beschießung von Wien am 26. Oktober, fünf Tage später ist die Stadt wieder fest in kaiserlicher Hand. Die Anführer werden hingerichtet, insgesamt sterben 2000 Menschen bei den Kämpfen.

Das »Konstitutionelle« war das eine Problem, mit dem sich der junge Kaiser zu befassen hatte. Das zweite war die Bewahrung der Grenzen des Reichs, die sowohl die Ungarn wie auch die Italiener in jeder Bedeutung des Worts verletzten. Die Frage einer Verfassung, einer »Konstitution«, ist vorerst nicht gelöst worden. Eine Verfassung löste die andere ab, liberale Tendenzen wurden im Lauf der Zeit durch absolutistische zur Seite geschoben und am Ende regierte der Monarch ohne jede demokratische Kontrolle. Am **18. Februar 1853** verübte ein Ungar, der Schneider János Libényi, ein **Messerattentat** auf den Kaiser, als dieser mit seinem Flügeladjutanten auf der Bastei spazieren ging. Der Offizier und ein Fleischhauer – er wurde später geadelt – entwaffneten den Täter, der den Monarchen nur leicht verwundet hatte. Mit ihm wurde kurzer Prozess gemacht, man hängte ihn auf. Sein Galgen stand auf der Simmeringer Haide. Die Wiener aber reimten: »Auf der Simmeringer Had hat's an Schneider verwaht. Aber 's gschicht ihm scho' recht, warum sticht er so schlecht!« Der Kaiser war zu dieser Zeit, wie man sieht, alles andere als beliebt, obwohl die größte neugotische Kirche Wiens, die Votivkirche, aus Dankbarkeit für die Errettung des Monarchen gebaut wurde.

Der Ungar Libényi hatte als Einzeltäter ausführen wollen, was seiner Nation nicht gelungen war: die Unabhängigkeit von Österreich zu erreichen. Dieses, bereits angeschlagen, rief in Erinnerung an die »Heilige Allianz« die Russen zu Hilfe, deren Zar Nikolaus I. dem österreichischen Kaiser beistand. Die **Ungarn** wurden **vernichtend geschlagen**, Ministerpräsident Schwarzenberg ließ die Schuldigen bestrafen und Feldzeugmeister Julius Freiherr von Haynau erledigte den Auftrag in einer Weise, die ihm den Beinamen »österreichischer Bluthund« eintrug. Unter anderem wurden 13 Generäle der ungarischen Revolutionsarmee hingerichtet.

Die italienische Last aber wog in der österreichischen Außen-, vor allem aber auch Innenpolitik fast schwerer als die ungarische. Die **Freiheitsbestrebungen in Italien**, das so genannte »Risorgimento«, nahmen nach der Revolution von 1848 an Umfang und Bedeutung zu und wurden von Frankreich, das einen Neffen Napoleons, Napoleon III., als neuen Kaiser hatte, nach Kräften unterstützt. Österreich indes hatte schon damals kein Verständnis für die Nationalitätenfrage. Sein Botschafter in Paris erklärte: »Österreichs Grundsatz ist die Ehrfurcht vor den unverjährlichen Rechten der Monarchen und die Nicht-Anerkennung der Ansprüche der Nationalitäten.«

Es kam wieder einmal zum **Krieg mit den Franzosen** und zu zwei schweren Niederlagen, am **4. Juni 1859 bei Magenta** und am **24. Juni bei Solferino**. Der Schweizer Henri Dunant, der dieses Schlachtfeld queren musste, war von den vielen Leichen so schockiert, dass schließlich auf seine Initiative das »Rote Kreuz« gegründet wurde. Franz Joseph aber, der damals persönlich das Oberkommando über die österreichische Armee übernommen hatte, erkannte seine Unfähigkeit als Feldherr. Er hat sich seither nie mehr als solcher betätigt.

Im Inneren zeigte er sich aber zunehmend liberal – und die Zuneigung der Österreicher wuchs. So befahl er die **Stadterweiterung von Wien**, regte damit eine umfangreiche Bautätigkeit an, sorgte allerdings dafür, dass auch entsprechende Kasernen an neuralgischen Plätzen errichtet wurden. Indessen ging das Tauziehen um die Verfassungen weiter – die letzte, das **»Februarpatent« von 1861**, schuf bereits eine Art von Parlamentarismus, ein Zweikammersystem, in dessen Unterhaus freilich nur nach einem Kuriensystem gewählt wurde. Aber die absolute Monarchie lag dennoch in den letzten Zügen.

Sie war vollends zu Ende und hatte sich zu einer parlamentarischen gewandelt, als sich Kaiser Franz Joseph gezwungen sah, als Folge der vernichtenden **Schlacht von Königgrätz** mit dem permanten Störenfried Ungarn den »Ausgleich« zu suchen, der dann als solcher in die Geschichte einging. Königgrätz (eigentlich fand das Treffen bei dem Dorf Sadowa statt) war Höhepunkt und Abschluss des »Bruderkriegs« zwischen Österreich und Preußen, und dieser wieder war von dem preußischen Staatskanzler **Otto von Bismarck** initiiert worden. Bismarck, Großgrundbesitzer und trotz zeitweiliger Krankheitsanfälle der größte Staatsmann seiner Epoche, hatte nichts unversucht gelassen, um den Einfluss Österreichs im Deutschen Bund zu mindern und es an den Rand zu drängen. Allfälligen politischen Widerstand wollte er »durch Eisen und Blut« brechen. Er wollte den Krieg.

> **SCHLACHT VON KÖNIGGRÄTZ**
> 3. 7. 1866
>
> Bei Königgrätz in Böhmen verlieren die Österreicher die entscheidende Schlacht gegen die Preußen. Ausschlaggebend für diese Niederlage sind einerseits eine schlecht gewählte Taktik des österreichischen Oberkommandierenden LUDWIG RITTER VON BENEDEK und andererseits die schlechtere Ausrüstung der Truppen. Die Preußen verfügen über das modernere Zündnadelgewehr. Österreich muss die Auflösung des Deutschen Bundes akzeptieren.

Er bekam ihn, als Preußen in das von Österreich besetzte Holstein einfiel. Franz Joseph hatte sich für einen **Zweifrontenkrieg** zu rüsten, weil Bismarck einen Beistandsvertrag mit Italien abgeschlossen und als Preis das damals österreichische Venedig versprochen hatte. In der Tat musste Österreich seine Armeen teilen. In Italien siegte Erzherzog Albrecht bei **Custozza** und bei der Insel **Lissa** vor der dalmatinischen Küste bohrten die Schiffe des **Admirals Tegetthoff** zwei italienische Panzerkreuzer in den Grund. Die beiden Siege nützten nichts: Im Norden musste sich Österreich, das unter den Klängen des Radetzkymarsches in die Schlacht zog, geschlagen geben. Bei Königgrätz fielen mehr als 5000 seiner Soldaten.

Die Preußen marschierten bis Hollabrunn. Bismarck aber wollte Österreich nicht demütigen, sah von einer Eroberung Wiens ab und schloss am **26. Juli 1866** den **Vorfrieden von Nikolsburg**, dem dann der Friedensvertrag von Prag folgte. Österreich anerkannte die **Auflösung des Deutschen Bundes** und im Frieden von Wien am 3. Oktober auch das Königreich Italien. Venetien wurde endgültig italienisch. Exkaiser Ferdinand aber sprach die Worte, von denen bereits berichtet wurde: »Des hätt' i a z'ammbracht!«.

Hätte er auch den **Ausgleich mit Ungarn** »z'ammbracht«? Der Rechtsanwalt **Ferenc Deák** war der ungarische Vater der neuen »Doppelmonarchie«, auf österreichischer Seite war der Ministerpräsident **Ferdinand Freiherr von Beust** jener Politiker, der auf einen schnellen Abschluss drängte. Aus dem Vertrag entstand »Österreich-Ungarn«, eine Monarchie der zwei Hälften, der »cisleithanischen« österreichischen und der »transleithanischen« ungarischen. Offiziell hießen sie »Die im Reichsrat vertretenen Königreiche und Länder« und »Die Länder der Heiligen ungarischen Krone«. Es waren de facto zwei unabhängige Staaten, durch das gemeinsame Staatsoberhaupt gebunden – und durch die ebenfalls gemeinsame Außen-, Finanz- und Militärpolitik. Der Kaiser von Österreich war im Rahmen dieses staatspolitischen Konstrukts gleichzeitig auch König von Ungarn; Franz Joseph ließ sich wenige Monate später in Budapest krönen, eine Zeremonie, die der neue ungarische **Ministerpräsident Andrassy** leitete.

Österreich war bedeutend größer als Ungarn. Es umfasste nicht nur das Königreich Böhmen, sondern reichte von Galizien und der Bukowina bis Triest und dem Königreich Dalmatien, mit insgesamt 20 Millionen Einwohnern. Ungarn wieder, zu dem auch die heutige Slowakei gehörte, umfasste auch Siebenbürgen, Kroatien und Slawonien. Die gemeinsamen Angelegenheiten und Institutionen hießen »kaiserlich und königlich«, abgekürzt »k.u.k.«, die österreichischen waren die »kaiserlich-königlichen«, »k.k.«, während die rein ungarischen »magyar kiràlyi« (königlich-ungarisch) genannt wurden.

Was die Folgen des Ausgleiches bis in die Republik Österreich hinein überdauert hat und heute noch gilt, ist das **»Staatsgrundgesetz über die Rechte der Staatsbürger«**. Es ist ein wichtiger Teil der österreichischen Verfassung und wurde am 27. April 1945 neuerlich zu einer der Grundfesten dieses Staats. Der Ausgleich mit Ungarn hat allerdings im Königreich Böhmen für entsprechende politische Aversion gesorgt: Warum nicht auch ein Ausgleich mit Böhmen? Warum nicht eine Tripelmonarchie (der Thronfolger Franz Ferdinand hat sie, wie es hieß, im Sinne gehabt), warum nicht auch eine Krönung des Kaisers mit der böhmischen Wenzelskrone? Franz Joseph versprach dies. Er hat es nie gehalten.

Der Ausgleich mit Ungarn öffnete die Tür zum **Liberalismus**, der hart mit dem althergebrachten Konservativismus kontrastierte. Eine Folge der liberaleren Politik war die erste vom Reichsrat verabschiedete Verfassung, die allerdings das Wahlrecht nur eingeschränkt gestattete: Man musste entweder eine entsprechende Steuerleistung erbringen oder eine gleichfalls entsprechende Bildung nachweisen – und die beiden Elemente, Bildung und Geld, waren nicht zu trennen. Es dauerte noch Jahrzehnte, bis sich in Österreich das echte allgemeine Wahlrecht durchsetzte, und noch viel länger, bis das Wahlrecht auch den Frauen zugestanden wurde.

Eine Folge des zunehmenden Liberalismus – die liberale Partei erlitt freilich auf Grund zahlreicher Korruptionsfälle bald einen Niedergang – war der Kulturkampf, die versuchte **Trennung von Kirche und Staat**, die vor allem die Schulen und die Ehe betraf. Daneben war es vor allem das **Nationalitätenproblem**, das der Doppelmonarchie zu schaffen machte. Die Einwohner Österreich-Ungarns fühlten sich elf »subjektiven« Nationalitäten zugehörig, zum Unterschied vom »objektiven« Nationenbegriff, der mit der geopolitischen Lage gleichgesetzt wird. Da waren Ruthenen, Ukrainer, Galizier, die sich allesamt als Polen oder Russen fühlten, da waren Slowaken, die gelegentlich irrtümlich als Tschechen bezeichnet wurden, da war in der Tat ein Völkergemisch, das verwundern ließ, dass die Habsburgermonarchie nicht viel früher als 1918 ihr Ende fand

– so wie es dann zu Ende des zweiten Jahrtausends in Jugoslawien geschah, dort freilich auf kriegerische Weise. Es ist in diesem Zusammenhang interessant, dass dieser Mehrvölkerstaat Jugoslawien nach dem Ende Österreich-Ungarns entstanden ist und nach dem Ende des Zweiten Weltkriegs von Tito mit eiserner Hand zusammengehalten wurde, bis er zehn Jahre nach dessen Tod zerbrach. Ironie der Geschichte: Tito war als Untertan Franz Josephs aufgewachsen.

In der Doppelmonarchie waren es, wie gesagt, die Tschechen, die immer wieder auf Unabhängigkeit »nach magyarischer Art« drängten. Sprachenprobleme kamen hinzu; den Vorrang der deutschen Sprache konnte, besser: wollte man nicht aufheben, und es half nicht gerade, dass in Wien die Tschechen gelegentlich als »Bedientenvolk« bezeichnet wurden, vorzugsweise von den Deutschnationalen, von denen die Liberalen zumindest geistig abgelöst worden waren.

Diese **Deutschnationalen** waren eine der drei Parteien, die sich im letzten Drittel des 19. Jahrhunderts in Österreich gebildet hatten; ihre Ideologien haben auch die letzte Jahrtausendwende überdauert. Alle drei hatten Galionsfiguren, die jeweils als Symbol der Geisteshaltung in der politischen Gründerzeit fungierten.

Georg Ritter von Schönerer war jener politische Kopf der Deutschnationalen, dessen Wahlspruch ein ganzes Programm enthielt: »Ohne Juda, ohne Rom bauen wir Germaniens Dom.« Er vereinigte antisemitische und antiklerikale Gedanken, vertrat eine militante antikatholische Politik, war aber mit seinen Ansichten nicht besonders erfolgreich. Die Galionsfigur der **Christlichsozialen** war der Anwalt **Dr. Karl Lueger**, 1897 (nach mehrmaliger Ablehnung durch den Kaiser) zum Wiener Bürgermeister gewählt – ein Politiker mit zwei Seelen in der Brust, janusköpfig und doppelbödig. Er machte einerseits Wien zur für die damalige Zeit modernen Weltstadt, er war ein

Kommunalpolitiker reinsten Wassers; Mittelstand, Kleinbürger und kleine Gewerbetreibende, die »Greißler« liefen ihm zu. Er war andererseits ein ausgeprägter Antisemit – und hatte damit vor allem deswegen Erfolg, weil der »Mann von der Straße« nicht zuletzt in den im jüdischen Besitz befindlichen Banken, Kaufhäusern und Fabriken die Ursache einer »Zweiklassengesellschaft« sah.

Lueger war ein Demagoge, aber einer, der tat, was die kleinen Leute von ihm erwarteten: Kommunalisierung von Gas-, Wasser- und Stromversorgung, der Straßenbahn, der Müllabfuhr, Bau von Schulen und Spitälern. Kurz: Er modernisierte die Reichshaupt- und Residenzstadt in nie da gewesener Weise und ließ keinen Zweifel daran, dass sein Antisemitismus einer eben Luegerscher Prägung war: »Wer a Jud is, bestimme ich!«

Die Christlichsozialen konnten freilich nie Anhänger unter dem immer zahlreicher werdenden Proletariat werben. Hand in Hand mit der zunehmenden neuen Industrialisierungswelle und dem Entstehen moderner Fabriken bildete sich eine Arbeiterschicht, deren Einkommen oft nur knapp über dem Existenzminimum lag, deren Wohnverhältnisse triste waren und deren Arbeitszeit bis zu zwölf Stunden und mehr betrug. Es war nur eine Frage der Zeit, bis sich die Arbeiter organisierten. Am **5. April 1874** wurde in Neudörfl (damals Ungarn) die **Sozialdemokratische Arbeiterpartei Österreichs** gegründet. Der Arzt **Dr. Victor Adler** wurde später ihr Kopf, und am 30. Dezember 1888 veranstalteten die Sozialdemokraten in Hainfeld in Niederösterreich ihren ersten Parteitag.

Vorher schon war es zu Gesetzen über Sonntagsruhe, Kündigungsfrist und geregelte Arbeitszeit gekommen. Am 12. Juli 1889 erschien die erste Ausgabe des Zentralorgans der Sozialdemokratischen Partei, der »Arbeiter-Zeitung«. Am 31. Oktober 1991 wurde sie eingestellt; auch die sozialdemokratische Parlamentsmehrheit hatte dem Blatt nicht mehr helfen können.

> 17. Das Ende der Habsburgermonarchie

>	Zeittafel
5. 4. 1897	die Sprachenverordnungen des Ministerpräsidenten Badeni löst heftige Proteste aus
14.–24. 5. 1907	Abhaltung der ersten Wahlen nach Einführung des allgemeinen, direkten, geheimen und gleichen Männerwahlrechts in der österreichischen Reichshälfte
5. 10. 1908	Annexion Bosniens und der Herzegowina durch Österreich-Ungarn.
28. 6. 1914	das Attentat von Sarajevo auf den Thronfolger Franz Ferdinand und seine Gattin sind Auslöser für den Ersten Weltkrieg
21. 11. 1916	nach dem Tod Kaiser Franz Josephs I. tritt Erzherzog Karl Franz Joseph als Karl I. die Nachfolge an
Februar–April 1917	die Friedensbemühungen Kaiser Karls enden mit der Sixtus-Affäre
3. 3. 1918	Friede von Brest-Litowsk
30. 10. 1918	provisorische Regierung (Staatskanzler Karl Renner) und Verfassung für Deutschösterreich; Rot-Weiß-Rot werden Staatsfarben
3. 11. 1918	Waffenstillstand zwischen Österreich-Ungarn und den Alliierten
11. 11. 1918	Kaiser Karl verzichtet auf Teilnahme an den Staatsgeschäften
12. 11. 1918	Ausrufung der Republik Deutschösterreich durch die provisorische Nationalversammlung
1. 4. 1922	der letzte amtierende Habsburger Karl I. stirbt

Kaiser Franz Joseph hat 68 Jahre lang, von **1848 bis 1916**, regiert und in dieser Zeit 24 Regierungen »verbraucht«. Seine Ära wird mit einem ähnlichen Nimbus umgeben wie jene der englischen Königin Victoria, die zur ungefähr gleichen Zeit herrschte, nämlich von 1837 bis 1901, und die 64 Jahre lang auf dem Thron saß. Man spricht von einem Viktorianischen Zeitalter – und von einem Franziskojosephinischen. Beide Epochen sind nicht zuletzt deswegen mit einem goldenen Schimmer versehen, weil sie kulturelle und gesellschaftliche Höhepunkte verzeichneten, denen gegenüber das zweifellos vorhandene Massenelend im Schatten blieb.

Während vor allem die Außenpolitik Franz Josephs, der seit seinem Amtsantritt in dieser Hinsicht glücklos agierte, keine Aneinanderreihung von Erfolgen war und auch die Innenpolitik im Zeichen des »Fortwurstelns« stand, war seine Zeit auf kulturellem Gebiet unübertroffen. Jedenfalls im geistigen Bereich ist die Monarchie, wiewohl zuletzt bereits altersschwach, eine Großmacht gewesen. Als äußeres Symbol mag die **Wiener Ringstraße** erwähnt werden, an der die besten und bekanntesten Architekten einander konkurrenzierten. Sie kamen aus allen Teilen Europas: **Theophil Hansen** aus Kopenhagen, **Gottfried Semper** aus Hamburg, **Friedrich Schmidt** aus Württemberg,

FRANZ GRILLPARZER

15. 1. 1791–21. 1. 1872

FRANZ GRILLPARZER ist der bedeutendste österreichische Dichter des 19. Jahrhunderts. Der als Sohn eines Advokaten geborene Wiener studierte zunächst Jura und trat auch in den Staatsdienst als Beamter der »Allgemeinen Hofkammer« ein. Doch schon bald wurde seine Begabung vom Burgtheaterdirektor Josef Schreyvogel entdeckt. Mit »Sappho« (1818) hatte er großen Erfolg, das ihn zu einem regen Schaffen beflügelte. Nachdem er für sein Stück »Weh dem, der lügt« (1838) von verschiedenen Seiten angegriffen wurde, schrieb er fortan nur mehr für die Schublade. So konnten Stücke wie »Ein Bruderzwist in Habsburg« oder »Libussa« erst nach seinem Tod uraufgeführt werden.

Ferstel, **Hasenauer**, **Van der Nüll** und **Siccardsburg** aus Wien. Sie entwarfen ihre Bauten in verschiedenen Stilrichtungen, vorzugsweise im Historismus, vom griechischen (Parlament) bis zum neugotischen (Wiener Rathaus) und der Renaissance (Universität).

In der Dichtkunst war **Franz Grillparzer** der »poeta laureatus«, Namen wie **Adalbert Stifter, Peter Rosegger, Hugo von Hofmannsthal, Arthur Schnitzler, Georg Trakl, Franz Kafka, Hermann Bahr, Ludwig Anzengruber, Marie von Ebner-Eschenbach** stehen im goldenen Buch österreichischer Kultur der franziskojosephinischen Ära, **Hans Makart** oder **Gustav Klimt** in jenem der Malkunst. In der österreichischen Reichshälfte erschienen rund 600 Zeitungen und Magazine, die **»Kaffeehausliteratur«** feierte Triumphe. Hinzu kam die musikalische Spätromantik mit **Johannes Brahms** und **Anton Bruckner** als beispielhaften Vertretern.

JOHANN STRAUSS SOHN

25. 10. 1825–3. 6. 1899

Johann Strauß entstammte einer Musikerfamilie, sowohl sein Vater als auch seine Brüder waren so wie er selbst Komponisten. Nach anfänglichen Versuchen in der Kirchenmusik fand JOHANN STRAUß bald zu seinem Genre, dem Wiener Walzer. Das Debüt am 15. 10. 1844 mit seiner Kapelle in Dommayers Casino war der Startschuss zu einer einzigartigen internationalen Karriere. Er spielte viel umjubelte Konzerte in ganz Europa und Amerika. Neben seinen vielen bekannten Walzern, wie dem Donauwalzer oder »Wiener Blut«, machte er sich auch als Operettenkomponist (»Fledermaus«, »Zigeunerbaron«, u. a.) einen Namen.

Hinzu kam aber auch die mit Recht so bezeichnete »goldene Operettenzeit« mit **Johann Strauß Sohn** als ihrem wichtigsten Exponenten, dessen Donauwalzer nicht nur die »heimliche Hymne« Österreichs ist, sondern zu den weltweit meistgespielten Melodien gehört. Aber auch **Karl Millöcker, Franz von Suppé, Carl Zeller** und **Carl Michael Ziehrer** sind Vertreter dieser Epoche, in der es auf der einen Seite sprichwörtliche

Beschwingtheit und Leichtlebigkeit gab, auf der anderen Seite nach wie vor eine ökonomische Unterschicht, die dazu führte, dass zwischen 1890 und 1910 zwei Millionen Österreicher nach Amerika auswanderten.

Die Agonie der Donaumonarchie, der Todeskampf des k.u.k. Habsburgerreichs hatte indessen begonnen. Während das kulturelle Leben auf dem Höhepunkt stand, wankte die Politik von einem Tiefpunkt zu anderen – Tiefpunkte, die sich erst später als solche, als verhängnisvolle herausstellten. **1878 besetzte Österreich-Ungarn** das (auch in den letzten Jahren des 20. Jahrhunderts wieder heiß und blutig umkämpfte) **Bosnien**. 1908 wurde es annektiert, wurde ein Teil der Monarchie, und dies ohne Einverständnis der anderen Großmächte. Der **Zweibund** zwischen Österreich und dem Deutschen Reich, der später durch den Beitritt Italiens zum Dreibund erweitert wurde, hatte die **»Entente cordiale«** zwischen England und Frankreich zur Folge. Europa erlebte, genauso wie in den Jahren nach 1933, eine »Vorkriegszeit«, die gewisser skurriler Elemente nicht entbehrte. So lieferte Österreich Waffen an Serbien, die dann im Weltkrieg gegen den Lieferanten eingesetzt wurden.

Man sah das erste große Völkermorden heraufdämmern, aber man lebte beschwingt in der Sonne der Kultur. Manche ahnten, was geschehen würde. **Bertha von Suttner** gründete 1891 die Österreichische Gesellschaft für Friedensforschung. Sie schrieb 1899 ihr aufrüttelndes Buch »Die Waffen nieder«, für das sie 1905 den Friedensnobelpreis erhielt.

Ein Bündnissystem überzog indessen den Erdteil – so wie auch 1939. Die Großmächte waren wechselseitig miteinander durch Verträge verbunden und keiner wusste, wie Recht der englische Außenminister Gray haben werde, der im Spätsommer 1914 sagte: »In Europa gehen die Lichter aus – wir werden sie zu unserer Lebzeit nicht mehr angehen sehen.«

Die Lichter begannen zu verlöschen, als ein Attentäter am 28. Juni **1914** den österreichischen Thronfolger Franz Ferdinand und dessen Frau in **Sarajevo erschoss**. Für den greisen Kaiser Franz Joseph, der die morganatische Ehe **Franz Ferdinands** mit der **Gräfin Sophie Chotek** nie gutgeheißen hatte, war dies das letzte niederschmetternde Ereignis in seinem langen Leben. Sein Bruder Maximilian wurde in Mexiko erschossen, sein Sohn Rudolf beging Selbstmord, seine Gemahlin Elisabeth wurde in Genf ermordet.

Gavrilo Princip, der Täter von Sarajevo, war zwar österreichischer Staatsbürger, aber in Serbien ausgebildet. Ein Kriegsgrund war vorhanden, die »Falken« setzten sich durch, der alte Kaiser stimmte ihnen schließlich zu, nachdem Serbien ein Ultimatum Österreichs mit Ausnahme eines entwürdigenden Punktes anzunehmen bereit war, aber wegen dieses einen Punktes schließlich doch abgelehnt hatte.

Die Kriegserklärung Österreichs an Serbien erfolgte am 28. Juli. Die Bündnisse wurden wirksam, ein Krieg begann, der allein auf österreichisch-ungarischer Seite über eine Million Gefallene forderte.

Der Dreibund wurde bald wieder zum Zweibund, weil Italien, bis dahin neutral, Österreich und Deutschland am 26. April 1915 den Krieg erklärte – die Entente-Mächte hatten ihm für den Fall des Sieges mehr Gebiete (inklusive Triest und Südtirol) versprochen, als es Österreich tat.

Während Deutschland hauptsächlich in Frankreich kämpfte, musste Österreich teilweise in Russland, vor allem aber gegen Italien antreten. Die überaus blutigen Kämpfe, deren blutigste die **Insonzo-Schlachten** waren, forderten dort Hunderttausende Tote, änderten aber nichts am schließlichen Ausgang des Krieges. Am **23. November 1916** war Kaiser **Franz Joseph gestorben**, sein Großneffe **Karl** wurde mit 28 Jahren sein **Nachfolger**, der letzte Herrscher der über 600 Jahre alten Habsburger-Dynastie. Zwei Jahre lang dauerte der Krieg noch. Auch die so genannten **Sixtus-Briefe** verkürzten ihn nicht: Der Bruder von Karls Gemahlin Zita, Sixtus von Bourbon-Parma, nahm in diesen Briefen Kontakte mit Frankreich bezüglich eines Separatfriedens auf, der abgelehnt wurde. Die Briefe aber wurden später veröffentlicht und minderten das Einverständnis zwischen Deutschland und Österreich beträchtlich.

In Österreich ging die Not um, die Versorgung lahmte immer mehr, die Leute waren müde und hungrig. Am 14. Januar 1918 kam es zum ersten großen Streik, am 1. Februar meuterten die Matrosen dreier österreichischer Kriegsschiffe im Kriegshafen von Cattaro – der Aufstand wurde allerdings niedergeschlagen. Die **Auflösungserscheinungen der Monarchie** aber nahmen zu. Die Ersten, die abbröckelten, waren die Tschechen. Am 26. September proklamierten Masaryk und Beneš im Exil in Paris eine tschechoslowakische Republik, am 6. Oktober bildete sich in Agram ein kroatisch-serbisch-slowenischer Nationalrat.

Kaiser Karl, von den Ereignissen überrollt, wollte die Entwicklung im letzten Augenblick aufhalten oder zumindest bremsen und erließ ein **»Völkermanifest«**. Es propagierte einen Bundesstaat, in dem »jeder Volksstamm aus seinem Siedlungsgebiet sein eigenes staatliches Gemeinwesen bildet«. Die Nationalitätenfrage sollte auf diese Weise gelöst werden, das Manifest galt aber für Ungarn nicht – die dort heimischen Nationalitäten blieben also im »Völkerkerker«, das Programm wurde abgelehnt.

Am 21. Oktober bildete sich im niederösterreichischen Landhaus in der Wiener Herrengasse aus 232 Mitgliedern des Cisleithanischen Abgeordnetenhauses eine **provisorische »Nationalversammlung für Deutschösterreich«**. Am 27. Oktober trat die letzte k.k. Regierung unter dem Ministerpräsidenten Dr. Heinrich Lammasch ihr Amt an, trat aber drei Tage später wieder zurück. Am 28. Oktober wurde in Prag die Republik ausgerufen, am 29. Oktober in Zagreb, in der Nacht von 30. auf 31. Oktober wurde in Wien unter dem sozialdemokratischen **Staatskanzler Dr. Karl Renner** (er sollte später die österreichische Delegation für den Friedensvertrag von St-Germain führen) ein deutsch-österreichisches bürgerliches Kabinett gebildet.

Auch Ungarn trennte sich, die ungarischen Truppen verließen die italienische Front, am **3. November 1918** wurde in der Villa Giusti bei Padua zwischen Österreich-Ungarn und der Entente der **Waffenstillstand** geschlossen, der am 4. November um 15 Uhr in Kraft treten sollte. Die österreichisch-ungarischen Truppen wurden davon aber nicht verständigt, legten ihre Waffen schon am 3. November nieder, was zur Folge hatte, dass die Italiener noch 350000 k.u.k. Soldaten gefangen nahmen, was sie als »Sieg von Vittorio Veneto« bezeichneten.

Das Ende der Monarchie war Chaos. Am **12. November** wurde vom Parlament in Wien die Gesetzesvorlage zur **Ausrufung der Republik** verfasst, am selben Nachmittag unterschrieb Kaiser Karl das Manifest, in dem er »auf jeden Anteil an den Staatsgeschäften« verzichtete: Er wolle »nach wie vor von unwandelbarer Liebe für alle Meine Völker erfüllt«, ihrer freien Entfaltung »Meine Person nicht als Hindernis entgegen stellen«. Es war dies, wie es vom Kaiser auch gemeint war, kein ausdrücklicher Rücktritt. Die kaiserliche Familie übersiedelte von Schönbrunn nach Schloss Eckartsau und von dort am 23. März 1919 in die Schweiz. Noch auf österreichischem Boden aber, in Feldkirch, erklärte Karl alle seine seit dem 16. Oktober 1918 gemachten Zusagen und Vereinbarungen für ungültig. Daraufhin sprach die Nationalversammlung in Wien die Landesverweisung des Kaisers und die Enteignung seiner Familie aus.

Der Rest war wieder skurril. Karl reiste inkognito nach Budapest, um dort mit dem neuen Staatschef, dem »Reichsverweser« Admiral Nikolaus von Horthy, dem letzten Oberbefehlshaber der k.u.k. Flotte, über eine Machtergreifung in Ungarn zu verhandeln. Horthy lehnte ab. Am 20. Oktober 1921 versuchte Karl neuerlich, in Ungarn als König Fuß zu fassen. Er landete mit seiner Frau Zita und etlichen Getreuen in einem Flugzeug nahe Sopron und wollte mit einem Sonderzug nach Budapest weiterreisen. Der Zug wurde vor der Hauptstadt gestoppt, es kam zu einem kurzen Gefecht zwischen einigen wenigen Königstreuen und Horthy-Soldaten. Karl wurde der Entente ausgeliefert und von einer englischen Fregatte nach Funchal auf der Atlantikinsel Madeira gebracht. Der letzte Habsburger-Kaiser **Karl I. starb** dort am **1. April 1922** an einer Lungenentzündung.

> 18. Die Erste Republik

>	Zeittafel
12. 11. 1918	Ausrufung der Republik Deutschösterreich durch die provisorische Nationalversammlung
16. 2. 1919	erste Nationalratswahlen in Deutschösterreich
10. 9. 1919	Friedensvertrag von Saint-Germain en Laye
10. 6. 1920	Ende der Regierungskoalition Christlichsoziale und Sozialdemokraten
10. 10. 1920	Kärntner Volksabstimmung
15. 7. 1927	im Verlauf sozialdemokratischer Demonstrationen gegen die Freisprüche im »Schattendorf-Prozess« kommt es zum Justizpalastbrand
18. 5. 1930	»Korneuburger Eid« der Heimwehr
Mai 1931	die größte österreichische Bank, die Bodencreditanstalt, kann nur mit Hilfe des Staates gerettet werden
4. 3. 1933	Ausschaltung des Nationalrates; autoritärer Regierungskurs unter Engelbert Dollfuß
12.–14. 2. 1934	Bürgerkrieg
25. 7. 1934	Juli-Putsch der Nationalsozialisten und Ermordung von Bundeskanzler Dollfuß; Kurt Schuschnigg wird neuer Bundeskanzler
12. 2. 1938	Unterredung zwischen Adolf Hitler und Bundeskanzler Schuschnigg, daraufhin werden Nationalsozialisten in die Regierung aufgenommen
11. 3. 1938	Schuschnigg tritt angesichts des drohenden Einmarsches zurück, am nächsten Tag deutscher Einmarsch auf österreichisches Gebiet

Es war ein trüber Novembertag, trüb nicht nur in meteorologischem Sinn: Die Monarchie war gestorben, die Republik noch nicht geboren. Eine **provisorische Nationalversammlung** war bestrebt, dieser Republik zur Geburt zu verhelfen, aber die Zukunft war so wolkenverhangen wie der Himmel. An diesem Tag, dem **12. November 1918,** trat Dr. Franz Dinghofer, im ehemaligen Reichsrat Abgeordneter der Großdeutschen, auf die Rampe des Parlaments in Wien. Vor dem Gebäude drängten sich zehntausend Menschen, die zuhörten, als Dinghofer die Gründung der »Republik Deutschösterreich« verkündete.

Österreich – der Name blieb. Deutsch: Das war die Konsequenz der Tatsache, dass alle anderen Nationalitäten sich abgespalten, ihre eigenen unabhängigen Staaten gebildet hatten. »Der Rest ist Österreich«, hatte der französische Ministerpräsident George Clemenceau mehr als Feststellung denn als politische Bosheit gesagt. Deutschösterreich, das sollte nicht nur darauf hinweisen, dass es der deutsche Rest, besser: der Rest der Deutschsprachigen war, der nun so wie die anderen Länder der Monarchie zur Republik geworden war. Es sollte auch ankündigen, dass sich die Deutschösterreicher als Deutsche fühlten und sich so schnell wie möglich dem Deutschen Reich anschließen wollten.

Nicht alle Österreicher. Während die Sozialdemokraten dem Anschlussgedanken anhingen, waren die Christlichsozialen durchaus bereit, die Unabhängigkeit der neuen Republik zu bewahren. Es war daher keinesfalls »der Staat, den keiner wollte«, dieses neue Österreich. Es war ein Staat, den sehr viele, wenngleich durchaus nicht alle, wollten.

Das stellte sich schon an diesem 12. November 1918 heraus, als es bereits in den ersten Minuten nach der Bekanntgabe der Republikgründung zu dem kam, was später Historiker als **Putsch** bezeichneten. Radikale Angehörige der »**Roten Garde**«, einer neuen paramilitärischen Organisation, rissen die weißen

Streifen aus den rot-weiß-roten Fahnen, die vor dem Parlament gehisst worden waren, und zogen die roten Reste wieder auf. Ein Teil der Menge jubelte, die große Mehrheit schwieg. Sie wollte mit einer »sozialistischen« Republik nichts zu tun haben.

Die Republik Deutschösterreich hatte in den nächsten Monaten alle Mühe, als einheitliches Staatsgebilde zu überdauern. Vorarlberg wollte sich an die Schweiz anschließen, was aber von der Eidgenossenschaft abgelehnt wurde. Tirol plante die Ausrufung einer eigenen Republik Tirol, diesbezügliche Verhandlungen mit den Alliierten führten erwartungsgemäß zu nichts. In **Kärnten** kam es im **Frühjahr 1919 zum Abwehrkampf** zwischen der österreichischen Bevölkerung und jugoslawischen Truppen. Am 6. Juni besetzten die Jugoslawen Klagenfurt, die Landesregierung wurde nach Spittal an der Drau verlegt. Erst am 31. Juli 1919 war Klagenfurt wieder österreichisch.

Bereits am **16. Februar 1919** hatte es **allgemeine Nationalratswahlen** in Österreich gegeben. Die Sozialisten erreichten 40,76% und 72 Mandate, die Christlichsozialen 35,93% und 69 Mandate. Damals schon bildeten sich die beiden großen Lager, die im folgenden Jahrzehnt Österreich fast zerrissen hätten – dieses Österreich, dem die Alliierten den Anschluss an Deutschland verbaten; ein Anschluss, der als fixer Punkt im sozialdemokratischen Aktionsprogramm enthalten und auch Gegenstand von »Geheimverhandlungen« zwischen Österreich und Deutschland gewesen war. Deren Ergebnis war unter anderem die Erklärung, dass Deutschösterreich »als Ganzes in das Reich eintreten« werde. Weil es nicht dazu kommen durfte, trat der Sozialdemokrat Dr. Otto Bauer, der damals Staatssekretär des Äußeren war, von seinem Posten zurück. Der Name des Staates wurde in »Republik Österreich« geändert.

Indessen war in **St-Germain** einer österreichischen Delegation, die unter der Führung des damaligen sozialdemokratischen Staatskanzlers Dr. Karl Renner stand, der Entwurf eines

Friedensvertrags vorgelegt worden, der in Österreich blankes Entsetzen hervorrief. Der Staat musste auf alle deutschsprachigen Randgebiete Österreichs verzichten, auf Südtirol ebenso wie auf das Sudetenland, einen Teil von Kärnten, die Untersteiermark. In der Tat: Österreich mit seinen kaum mehr als sechs Millionen Einwohnern war »der Rest«.

Die Delegation in St-Germain konnte nicht anders als diesen Vertrag zurückzuweisen. Sie erreichte einen neuen Entwurf, der sich allerdings vom ersten nur darin unterschied, dass Westungarn (heute Burgenland) und die Stadt Radkersburg österreichisch bleiben sollten. Der Vertrag – man nannte ihn, so wie auch den Friedensvertrag mit Deutschland von Versailles, einen »Diktatfrieden« – wurde unterzeichnet und am **17. Oktober 1919** von der Nationalversammlung »unter Protest« ratifiziert.

Die beiden großen politischen Lager haben sich indessen während der kommenden Jahre und auf Grund der Nationalratswahlen noch mehr gefestigt; allerdings haben sich die Mehrheitsverhältnisse geändert. Schon 1920 haben die Christlichsozialen sowohl in der Anzahl der Stimmen wie der Mandate die Sozialdemokraten überholt. Es blieb nicht beim friedlichen Nebeneinander der Großparteien, die ideologisch von einem Abgrund getrennt waren. Zu viele ehemalige Soldaten, die mit und in der neuen Republik nichts anzufangen wussten, die Fronterfahrung hatten, aber kein Handwerk gelernt als jenes des Tötens, die nun arbeitslos und gleichgültig waren gegenüber dem Leid des anderen, zu viele also solcher Menschen waren zu rekrutieren, als Sozialdemokraten und Christlichsoziale ihre paramilitärischen Verbände gründeten – den **Republikanischen Schutzbund** auf der einen, die **Heimwehr** auf der anderen Seite. Die politische Aggressivität wuchs sich zur menschlichen aus, vom 12. November 1918 bis zum 11. Februar 1934 sind 217 Personen durch politische Gewalt ums Leben gekommen.

Es war nicht zuletzt das Elend, das diese Gewalt provozierte. Es war die triste wirtschaftliche Lage, die die Menschen radikalisierte. Es war die Aussichtslosigkeit, die sie auf die Straße trieb. Man hatte im letzten Kriegsjahr gehungert und der Hunger schien nicht zu enden. Der Generalsekretär des internationalen Gewerkschaftsbundes berichtet nach einer Reise durch Österreich, er habe Frauen in Lumpen und Männer als Skelette gesehen.

Dazu kam die **Inflation**. Für 100 Schweizer Franken bekam man 1919 noch 567 Kronen, 1920 bereits 2702 Kronen. 1921 war die Inflation bereits auf 12 200 Kronen gestiegen und 1922 waren 100 Schweizer Franken 360 000 Kronen wert. Nur wenige positive Ereignisse brachten Spuren von Licht in die Dunkelheit des Lebens. Das **Burgenland** kam, wie vertraglich vereinbart, zu Österreich, freilich erst nach Kämpfen mit ungarischen Freischärlern.

Die Republik Österreich hatte zu dieser Zeit bereits eine neue **Verfassung** erhalten, die von dem Rechtsgelehrten **Hans Kelsen** entworfen worden war und Österreich als Bundesstaat konstituierte, der aus neun weitgehend unabhängigen Bundesländern bestand. Die Verfassung, die 1929 geändert und modernisiert wurde, aber in ihren Grundzügen und Prinzipien gleich blieb, gilt auch heute noch.

Aber 1920 war den Österreichern die Konstitution gleichgültig, es ging ihnen ums Überleben. Lichtblicke gab es nur wenige, wenngleich mehr auf kulturellem Gebiet als, wie erwähnt, in der Politik. Auf dem Eis gab es im Paarlauf und bei den Damen Weltmeistertitel, in Salzburg wurden die Festspiele gegründet, der Wiener Stadtsenat beschloss den Bau von 25 000 Gemeindewohnungen. Nach einem Beamtenkabinett mit Dr. Johannes Schober als **Bundeskanzler** trat ein »Polit-Priester«, der **Prälat Dr. Ignaz Seipel**, Professor für Moraltheologie, an die Spitze einer christlichsozialen Regierung – die letzte Koalitionsregierung war bereits im Oktober 1920 zerbrochen. Seipel war einfach im Leben, aber, wie es hieß, machtbesessen und autoritär in der Politik. Allerdings gelang es ihm, vom Völkerbund eine Anleihe in Goldkronen zu erreichen, die den Beginn eines wirtschaftlichen Wiederaufstiegs ermöglichte. Am 1. Januar 1925 wurde die Schilling-Währung eingeführt.

Dieser wirtschaftliche Hoffnungsschimmer änderte freilich nichts an der zunehmenden Gegnerschaft, ja Feindschaft der großen politischen Lager und ihrer Verbände. Am **30. Januar 1927** kam es zum ersten großen Ausbruch: Im burgenländischen Ort **Schattendorf** wurde von christlichsozialen Frontkämpfern auf marschierende Schutzbündler geschossen, ein Invalider und ein Kind kamen ums Leben. In einem Geschworenenprozess wurden die Täter freigesprochen und im Verlauf der von einem Leitartikel in der »Arbeiter-Zeitung« inspirierten sozialdemokratischen Demonstrationen wurde der **Wiener Justizpalast** angezündet. Die Polizei ging mit Waffengewalt gegen die Demonstranten vor, es gab 89 Tote. Der Graben zwischen den Lagern war unüberbrückbar geworden.

1932 wurde der ehemalige Direktor der niederösterreichischen Landwirtschaftskammer, **Dr. Engelbert Dollfuß, Bundeskanzler**. Als am **4. März 1933** nach einer heftigen Parlamentsdebatte alle drei Präsidenten des Nationalrats zurücktraten, betrachtete er dieses **Parlament** als **ausgeschaltet**, regierte autoritär weiter, verbot den Schutzbund und gab der Republik eine neue Form, einen »sozialen, christlichen, deutschen Staat Österreich auf ständischer Grundlage, unter starker autoritärer Führung«. An Stelle politischer Parteien gründete der Bundeskanzler eine neue, einheitliche: die »**Vaterländische Front**«.

Dollfuß führte den Ständestaat diktatorisch, doch mit österreichischer Prägung und bewusst national. Er hatte einen Zweifrontenkampf aufgenommen: mit den Sozialdemokraten und den immer aktiver werdenden Nationalsozialisten. Während jene nichts unversucht ließen, wenigstens einen Rest von Demokratie und Parteienstaat in Österreich aufrechtzuerhalten, übten die Nazis, wie sie bald genannt wurden, einen Terror aus, der auch vor Bomben und Granaten nicht Halt machte.

Der Republikanische Schutzbund, im Ständestaat Österreich nunmehr verboten, hätte Gewalt erst dann ausgeübt, wenn die Sozialdemokratie gleichsam erwürgt worden wäre. Er hatte freilich bereits Waffenlager angelegt, und als am **12. Februar 1934** die Polizei in Linz in der oberösterreichischen Zentrale des Schutzbunds nach solchen Waffen suchte, war dies das Signal für den allgemeinen Aufstand der Sozialdemokraten gegen das autoritäre Dollfuß-Regime. Um diesen Aufstand niederzuschlagen, wurde auf Befehl des Bundeskanzlers das Bundesheer eingesetzt, das schließlich in Wien mit Artillerie gegen jene Gemeindebauten vorging, in denen sich Schutzbündler verschanzt hatten. Am 14. Februar waren die Kämpfe zu Ende, sie hatten auf Seiten der Exekutive 128 Tote und 409 Verletzte gefordert, 137 Schutzbündler waren gefallen und 399 verwundet worden. Neun Anführer wurden hingerichtet.

FEBRUARUNRUHEN 1934

12. 2.–14. 2. 1934

Die Februarkämpfe, die in Linz ihren Ausgangspunkt genommen hatten, verbreiteten sich auf verschiedenste österreichische Städte. Wien, Steyr, St. Pölten, Weiz, Eggenberg bei Graz, Kapfenberg, Bruck an der Mur, Wörgl waren u. a. Schauplätze für Gefechte zwischen den aufständischen sozialdemokratischen Verbänden, dem ehemaligen REPUBLIKANISCHEN SCHUTZBUND, auf der einen Seite und den HEIMWEHREN, dem österreichischen Bundesheer sowie der Polizei auf der anderen Seite. Da der ausgerufene Generalstreik der Sozialdemokraten nicht stattfand, scheiterte die unorganisierte Aufstandsbewegung. Die Folge der Kämpfe war neben vielen Toten das Verbot der Sozialdemokratischen Partei und all ihrer Vorfeld-Organisationen.

Am **25. Juli** desselben Jahres aber wurde Dollfuß selbst im Verlauf eines **nationalsozialistischen Putschversuches** im Bundeskanzleramt ermordet. Wieder kam es in der Folge zu Kämpfen zwischen Nationalsozialisten, die in der »Österreichischen Legion« zusammengefasst waren und einen allgemeinen Aufstand ihrer Gesinnungsgenossen erhofften, und der Exekutive. Adolf Hitler bemühte sich, die Schuld an dem Naziputsch von sich wegzuschieben. Der Staatschef des faschistischen Italien, Benito Mussolini, aber stand zu dieser Zeit noch auf Seiten Österreichs. Es lag nicht in seinem Interesse, nach einem »Anschluss« deutsche Truppen am Brenner stehen zu sehen, und nicht zuletzt seinen Drohgebärden war es zu verdanken, dass die Unabhängigkeit Österreichs, wenngleich eingeschränkt, noch fast vier Jahre dauerte.

Diese Unabhängigkeit konnte der Nachfolger des ermordeten Engelbert Dollfuß, **Dr. Kurt Schuschnigg**, nur noch diese kurze Zeit hindurch halten. Ein Besuch bei Hitler auf dessen »Berghof« in den Alpen führte bereits zu einer nicht unbeträchtlichen Einschränkung der Souveränität des Nachbarlands im Süden; unter anderem musste Schuschnigg nationalsozialistische Minister in die österreichische Regierung aufnehmen.

Aber Adolf Hitler wollte einen »zweiten deutschen Staat«, das kleine Österreich, auf Dauer nicht dulden. Der letzte Versuch einer Eigenständigkeit Österreichs schlug fehl, als Schuschnigg zu einer Volksabstimmung aufrief, in der die Österreicher entscheiden sollten, ob sie weiter in einem unabhängigen Staat leben wollten. Hitler, das für Österreich positive Ergebnis ahnend, drohte mit Einmarsch, worauf Schuschnigg die Abstimmung abblies. Der deutsche Einmarsch erfolgte dennoch, der österreichische Bundeskanzler verabschiedete sich in einer Radioansprache, deren letzter Satz die meisten Zuhörer zu Tränen rührte: »Gott schütze Österreich!«

Das Land war ausgelöscht – vorläufig zumindest.

> 19. Der Nationalsozialismus

>	Zeittafel
13. 3. 1938	in Linz erlässt Adolf Hitler das Gesetz über die Wiedervereinigung von Österreich mit dem Deutschen Reich
1. 4. 1938	erster Transport von 150 Österreichern ins bayerische KZ Dachau
8. 8. 1938	Weisung zur Errichtung des Konzentrationslagers Mauthausen
9. 11. 1938	im gesamten Deutschen Reich kommt es zu Pogromen gegen Juden (»Reichskristallnacht«).
1. 9. 1939	deutscher Angriff auf Polen; Beginn des Zweiten Weltkrieges (1939–1945)
ab August 1943	schwere Schäden in österreichischen Städten durch alliierte Luftangriffe
30. 10. 1943	Moskauer Erklärung der Alliierten nennt Wiederherstellung eines freien und unabhängigen Österreich als ein Kriegsziel
6.–13. 4. 1945	Eroberung Wiens durch die Rote Armee
27. 4. 1945	Ausrufung der Republik Österreich (Zweite Republik) durch die provisorische Staatsregierung unter Karl Renner
8. 5. 1945	Ende des Zweiten Weltkrieges; Österreich wird von amerikanischen, britischen, französischen und russischen Truppen besetzt
20. 10. 1945	Anerkennung der Regierung Renner durch alle vier Besatzungsmächte

Als Adolf Hitler am **15. März 1938** den **»Eintritt seiner Heimat« in das Deutsche Reich** »vor der Geschichte« meldete, war bereits vollzogen, was die Geschichtsschreibung später Okkupation (Besetzung) oder Annexion (Anschluss) nannte, je nach der Auffassung der jeweiligen Wissenschaftler. Die deutsche Wehrmacht jedenfalls hatte bereits am 12. März die österreichischen Grenzen überschritten und war unter großem Jubel der Bevölkerung einmarschiert. Heute weiß man, dass dieser Einmarsch, hätte es nur eine Spur von Widerstand gegeben, sich keinesfalls so reibungslos vollzogen hätte, wie es dann geschah – und auch unter den gegebenen Umständen fand er unter teilweise chaotischen Verhältnissen statt. Die Begeisterung, die Hitler empfing, brachte ihn, heißt es, erst auf den Gedanken, Österreich dem Reich anzuschließen – ursprünglich wollte er eine Scheinunabhängigkeit als nationalsozialistisches Anhängsel des NS-Reichs beibehalten. Aber unter dem Eindruck des Jubels ließ er noch in Linz das »Gesetz über die Wiedervereinigung Österreichs mit dem Deutschen Reich« ausarbeiten, das der neue **Bundeskanzler Dr. Seyss-Inquart** dem österreichischen Bundespräsidenten Miklas zur Unterschrift übergab. Dieser weigerte sich, folgte lieber der Aufforderung des Ministerrats und trat zurück.

Den »legalen« Schlussstrich unter das Ende Österreichs brachte dann die von Hitler veranstaltete Volksabstimmung. Das Schuschnigg-Referendum hätte eine erhebliche Mehrheit für Österreichs Unabhängigkeit erbracht, das Ergebnis der Hitler-Abstimmung waren dann 99,72 % Ja-Stimmen. Nicht unbeachtet blieb dabei ein Interview, das Dr. Karl Renner – der erste Staatskanzler Österreichs nach dem Weltkrieg – einer Zeitung gegeben hatte und in dem er öffentlich bekannte, für den Anschluss stimmen zu wollen.

Er wusste genauso wenig wie die anderen jubelnden Österreicher, dass noch vor dem deutschen Einmarsch Beamte der deutschen Staatspolizei in Wien eintrafen. Bald wurde auch der **erste Transport in ein Konzentrationslager** zusammengestellt, der am **1. April 1938** nach Dachau abging.

Aber Österreich musste dem Willen des »Führers« nach auch dem Namen nach ausgelöscht werden. Im Mai 1938 wurde es in **»Ostmark«** umbenannt, aber auch dies dürfte nach wie vor eine gewisse Eigenständigkeit des Landes symbolisiert haben. Im Jahre 1942 erfolgte eine weitere Umbenennung: Österreich – oder was Österreich gewesen war – hieß nun **»Alpen- und Donau-Reichsgaue«**. Die letzte Gleichstellung war vollzogen.

Österreich ist dennoch österreichisch geblieben, allen Bemühungen der Nationalsozialisten zum Trotz. Es blieb bei der kulturellen Großmacht, es blieb auch beim bewusst Österreichischen im Theater und im Film. Auch die Menschen im »Reich«, wie Deutschland in den »Alpen- und Donaugauen« immer noch genannte wurde, liebten dieses Österreichische, ohne dass sie es so bezeichnen durften. Die junge österreichische Filmindustrie wurde nach und nach zu einer Marke, die mit ihrer Betonung des Wienerischen fast so etwas wie Widerstand symbolisierte. Joseph Goebbels, der deutsche Propagandaminister, sagte einmal verbittert nach einem Besuch des Theaters in der Josef-

KONZENTRATIONSLAGER IN ÖSTERREICH

Schon bald nach der Machtübernahme durch die Nationalsozialisten wurden auch in Österreich Menschen in Konzentrationslager transportiert. Am 8. August 1938 erging die Weisung, dass im oberösterreichischen MAUTHAUSEN mit dem Bau eines Lagers begonnen werden sollte. Bis zum Ende des Krieges waren alleine hier 335 000 Menschen inhaftiert gewesen. Laut Aufzeichnung der Lagerleitung wurden 122 767 politische Häftlinge ermordet, doch die Opferzahl war um ein Vielfaches höher, da viele Menschen gleich nach der Einlieferung erschossen wurden. Das Lager Mauthausen hatte 49 Nebenlager, von denen 47 auf dem heutigen Staatsgebiet Österreichs lagen.

stadt: »Das ist kein Theater. Das ist ein KZ auf Urlaub.« Theater und Film ließen dadurch, dass das Österreichische gepflogen wurde, vergessen, dass man nun deutsch war – oder es zumindest sein sollte.

Aber auch wirklicher, echter Widerstand rührte sich bereits kurz nach dem Anschluss. Da war zum Beispiel der Klosterneuburger Chorherr Karl Roman Scholz, Leiter der »Österreichischen Freiheitsbewegung«, der sein Eintreten für Österreich auf dem Schafott büßen musste. Insgesamt sind zwischen 1938 und 1945 **2700 Österreicher**, die im **Widerstand** oder sonst wie »defaitistisch« tätig waren, **hingerichtet** worden. Und als am **1. September 1939** der **Zweite Weltkrieg** ausbrach, dürfte auch dem letzten Österreicher klar geworden sein, dass der Jubel von 1938, um ein Wort eines Franzosen des 18. Jahrhunderts abzuwandeln, sowohl ein Fehler wie eine Dummheit gewesen war.

Zuerst hatten die Österreicher geglaubt, ihr Land sei der »Luftschutzkeller des Reichs«, weil es zwar bereits Flächenbombardements deutscher Städte gegeben hatte, aber die österreichischen verschont geblieben waren. Dann aber erfolgte am **13. August 1943** der **erste Angriff auf österreichisches Gebiet**, nämlich auf die Flugzeugwerke in Wiener Neustadt, und die Bombardements steigerten sich bis zum 12. März 1945, dem schwersten Angriff auf Wien, der vor allem in der Inneren Stadt Verwüstungen anrichtete.

Wiener Neustadt, das erste Ziel, blieb auch das am schwersten getroffene: zu 88 % zerstört. Aber auch andere Städte – so Salzburg, Innsbruck, Graz und Klagenfurt – trugen umfangreiche Schäden davon. In Wien haben die Bomben und Kampfhandlungen 37000 Wohnungen völlig zerstört, 8769 Tote waren zu beklagen.

Die Bilanz des Krieges war aber auch in anderer Hinsicht eine furchtbare. Von den zur deutschen Wehrmacht eingezogenen Österreicher kehrten 247000 nicht zurück. Insgesamt wurden 24300 Zivilisten bei Luftangriffen und Kämpfen getötet. 65459 österreichische Juden wurden ermordet, 16100 Österreicher starben in Gestapo-Haft, 16500 in Konzentrationslagern.

Zwar hatte 1943 die so genannte »**Moskauer Deklaration**« der Alliierten als eines der Kriegsziele die Wiederherstellung eines freien und unabhängigen Österreich postuliert, aber gleichzeitig festgestellt, dass dieses Land seiner Mitverantwortung für die »Teilnahme am Krieg an der Seite Hitlerdeutschlands« nicht werde entrinnen können und dass »anlässlich der endgültigen Abrechnung« Bedacht darauf genommen werden müsse, wie viel es selbst zu seiner Befreiung beigetragen haben werde. Diese Stunde der österreichischen Mithilfe schlug 1945, als die Eroberung Wiens durch die sowjetischen Truppen nicht zuletzt dadurch erleichtert wurde, dass österreichische Widerständler am Werk waren. Auch am 20. Juli 1944, dem Tag des Bombenattentats auf Hitler, war dieser Widerstand erfolgreicher gewesen als in anderen Zentren – wenngleich nur zeitweilig. In den Monaten bis Kriegsende war aber eine Widerstandsbewegung aktiv, die in der Tat ihr »Netz« über ganz Ostösterreich gespannt hatte. Ihr Zeichen war an Hausmauern zu sehen, man sieht es jetzt noch neben dem Riesentor des Stephansdoms: O5. Das bedeutete OE für Österreich: 5 meinte den fünften Buchstaben des Alphabets, nämlich E.

Die **Schlacht um Wien** tobte vom **5. bis zum 13. April**. Als die Sowjets bereits Wiener Neustadt erobert hatten, nämlich am Ostersonntag, dem 1. April 1945, bestritten die Wiener Philharmoniker an diesem Tag und am Ostermontag noch die ausverkaufte »Vierte Philharmonikerakademie« im Konzerthaus unter Clemens Krauss. Am 27. April spielten sie zum ersten Mal wieder. **Österreichs Kultur** lebte weiter, während der Krieg noch in Gang war.

Sie hat nicht nur weitergelebt, sondern erreichte jedenfalls in Wien eine erste schüchterne Blüte noch vor der deutschen Kapitulation. Bereits am 30. April öffnete das Burgtheater wieder seine Tore, allerdings in seinem Ausweichquartier, dem Ronacher, wo es dann bis zur Wiedereröffnung des bombenbeschädigten alten Hauses 1955 spielte. Auch im »Theater in der Josefstadt«, das unversehrt geblieben war, ging gleich wieder der Vorhang auf. Eines der Stücke, die in dieser Nachkriegszeit inszeniert wurden, war jenes von Thornton Wilder mit dem beziehungsvollen Titel »Wir sind noch einmal davongekommen«.

Am 29. April besetzten die Amerikaner zusammen mit den Franzosen Tirol und Vorarlberg, am 30. April Oberösterreich.

Als aber am **8. Mai 1945 um 2.41 Uhr Früh** die **Kapitulation der deutschen Wehrmacht** unterzeichnet wurde, war Österreich jedenfalls auf dem Papier wieder ein eigener Staat. Es war befreit, obgleich nicht frei. Es hatte gelitten, vor allem die Menschen in Wien und dem Osten waren von Leid, von Raub, Mord und Vergewaltigung betroffen. Aber Österreich war wieder unabhängig. Es hatte wieder eine eigene **Regierung**, freilich eine provisorische, die vorerst nur von den Russen anerkannt wurde; an ihrer Spitze stand wieder der Sozialdemokrat **Dr. Karl Renner**.

Schon am 29. April trat das Kabinett der neu erstandenen Republik Österreich im Rathaus zusammen. Als die Minister zu einem Festakt ins Parlament zogen, tanzten die Menschen. Die Freude unterschied sich deutlich von jener, die am 12. November 1918 vor ebendiesem Parlament geherrscht hatte: Damals mag es der Staat gewesen sein, den niemand wollte. Jetzt war es einer, den jeder herbeigesehnt hatte.

> 20. Die Zweite Republik

>	Zeittafel
25. 11. 1945	erste Nationalratswahlen in der Zweiten Republik
20. 11. 1947	Ausscheiden der KPÖ aus der Konzentrationsregierung; Beginn der großen Koalition (ÖVP und SPÖ)
27. 5. 1951	Theodor Körner als erster Bundespräsident direkt vom Volk gewählt
2. 4. 1953	Julius Raab (ÖVP) wird neuer Bundeskanzler
15. 5. 1955	Unterzeichnung des österreichischen Staatsvertrages
5. 5. 1957	Adolf Schärf Bundespräsident; Wiederwahl 1963
11. 4. 1961	Alfons Gorbach (ÖVP) wird Bundeskanzler
2. 4. 1964	Josef Klaus (ÖVP) wird Bundeskanzler
23. 5. 1965	Franz Jonas Bundespräsident; Wiederwahl 1971
ab 19. 4. 1966	ÖVP-Alleinregierung unter Josef Klaus (ÖVP)
ab 21. 4. 1970	SPÖ-Alleinregierung unter Bruno Kreisky (SPÖ)
23. 6. 1974	Rudolf Kirchschläger Bundespräsident; Wiederwahl 1980
ab 24. 5. 1983	SPÖ-FPÖ-Koalition unter Fred Sinowatz
8. 6. 1986	Kurt Waldheim Bundespräsident
ab 21.. 1. 1987	große Koalition (SPÖ, ÖVP) unter Franz Vranitzky (SPÖ); ab 1997 Viktor Klima (SPÖ)
24. 5. 1992	Thomas Klestil Bundespräsident; Wiederwahl 1998
12. 6. 1994	bei der EU-Volksabstimmung werden 66,4% der Stimmen für den EU-Beitritt (1. 1. 1995) abgegeben
ab 4. 2. 2000	FPÖ-ÖVP-Koalition unter Bundeskanzler Schüssel (ÖVP)
24. 11. 2002	ÖVP zum ersten Mal seit 1966 bei Nationalratswahlen wieder stimmenstärkste Partei

Ruinen, wohin man blickte, Hunger und Not: Es war die Stunde null des neuen Österreich; so hieß auch die erste österreichische Zeitung, die wieder erscheinen durfte: »Neues Österreich«. Sie berichtete über die erste »Länderkonferenz«, die Renner am 24. und 25. September nach Wien einberufen hatte – eine zweite fand am 9. Oktober statt, Vertreter aller neun Bundesländer nahmen daran teil.

Zum Unterschied von der Zeit nach dem Ersten Weltkrieg, da auch »der Rest« zu zerbrechen drohte, galt es als ausgemacht, dass Österreich nicht, wie später Deutschland, auch politisch in eine westliche und eine von den Sowjets besetzte östliche Hälfte geteilt würde. Die **vier Alliierten** – Amerikaner, Russen, Engländer und Franzosen – waren übereingekommen, zwar eigene **Besatzungszonen** zu errichten, aber einen Alliierten Rat zu gründen, der für den Gesamtstaat zuständig sein sollte. Es war demnach nur eine logische Folge, dass am 20. Oktober 1945 die Regierung Renner von allen vier Alliierten anerkannt wurde und dass sie für ganz Österreich zuständig war. Es war gleichfalls eine logische Folge, dass – nach Zustimmung der Alliierten – am **25. November 1945** die **ersten freien Wahlen** in ganz Österreich durchgeführt wurden. Es herrschte Wahlpflicht: Noch glaubte man nicht, dass sich die Österreicher in der neu gewonnenen Demokratie so schnell würden einrichten können.

Die Wahlen brachten entgegen allen Vermutungen und Voraussagen mit 49,80 % eine absolute Mandatsmehrheit für die Österreichische Volkspartei, eine der drei von den Siegermächten lizensierten politischen Parteien, die aus den Christlichsozialen, dem Landbund und anderen Gruppen hervorgegangen war. Die Sozialistische Partei Österreichs erreichte 44,60 % und die Kommunisten kamen sehr zum Leidwesen der Russen, die auf ein viel besseres Abschneiden gehofft hatten, nur auf 5,41 %. Sie erhielten dennoch 4 Mandate; die ÖVP bekam 85

Sitze und die SPÖ 76. In seiner Regierungserklärung sagte der neue, von der ÖVP gestellte **Bundeskanzler Dipl.-Ing. Leopold Figl**: »Wir sind kein zweiter deutscher Staat. Wir waren nie Ableger einer anderen Nation. Wir sind nichts anderes als Österreicher, aber das aus ganzem Herzen und aus jener Leidenschaft, die jedem Bekenntnis zur Nation innewohnen muss.«

Es war tatsächlich ein neues Österreich-Bewusstsein, das damals entstanden und von Jahr zu Jahr gewachsen ist. Die Männer, die für die Republik bestimmend auftraten, waren Menschen der **»Lagerstraße«**. Aus dem KZ kommend, stand für sie der neue alte Staat über der allfälligen politischen Gegnerschaft. Der Wiederaufbau nach der Stunde null war wichtiger als Parteiengezänk, und als Leopold Figl in seiner berühmten Weihnachtsrede 1945 bat, trotz aller Not an dieses Österreich zu glauben, gab es kaum jemanden, der diese Bitte nicht zu erfüllen bereit war.

Dieses Österreich musste wieder auf Südtirol verzichten, es hätte beinahe einen Teil Kärntens verloren, es durchlitt 1946/47 einen Katastrophenwinter, es überdauerte **1950** einen **kommunistischen Massenstreik** – aber es blieb ungeteilt. Schon ab 1947 wurde über den Staatsvertrag verhandelt, der auf die Befreiung die Freiheit folgen lassen sollte. Nicht nur die Russen lehnten diesen **Staatsvertrag** immer wieder ab, zeitweilig waren auch die westlichen Alliierten skeptisch. Aber infolge einer glücklichen politischen Konstellation kam dann die Erleichterung. Im April 1955 erklärte sich Moskau plötzlich bereit, mit einer österreichischen Regierungsdelegation über den ersehnten Vertrag zu verhandeln. Der Einigung folgte dann die Unterzeichnung in Wien. Am **15. Mai 1955** setzten die vier alliierten Außenminister Dulles (USA), Molotow (UdSSR), Macmillan (Großbritannien) und Pinay (Frankreich) zusammen mit Leopold Figl, der Österreich vertrat, ihre Unterschriften unter das Dokument, das dem Staat mit dem Vertrag die volle Freiheit brachte. Am **26. Oktober 1955** verließ der letzte Besatzungssoldat österreichischen Boden. Das Parlament beschloss das Neutralitätsgesetz und dieser Tag ist heute der österreichische Nationalfeiertag.

DER ÖSTERREICHISCHE STAATSVERTRAG

15. 5. 1955

Schon ab 1947 gab es Verhandlungen zur Wiederherstellung eines unabhängigen, demokratischen Österreich. Lange Zeit scheiterte das Vorhaben an Russland, das erst im Februar 1955 zu einer Entkoppelung von der Deutschlandfrage bereit war. Damit war der Weg zum STAATSVERTRAG, der aus einer Präambel und neun Teilen besteht, geebnet. Der Vertrag legte unter anderem ein Verbot der wirtschaftlichen oder politischen Wiedervereinigung mit Deutschland fest, verpflichtete Österreich zu Reparationszahlungen an die UdSSR und regelte die Frage des deutschen Eigentums.

Der Abschluss des Staatsvertrags, der freilich nur unter der Bedingung der **immerwährenden Neutralität Österreichs** zu Stande gekommen war, hat das Österreich-Bewusstsein zu einem neuen Patriotismus gehoben, der fast bis zum Nationalbewusstsein ging. Der Patriotismus ist einer ganz eigener Art. Er ist nicht mit Chauvinismus zu vergleichen, sondern äußert sich dort, wo sich Österreich als Nation fühlt, ohne dieses Gefühl überschäumen zu lassen. Man ist stolz, ohne den Stolz allzu übertrieben zu zeigen. Ein sozialistischer Bundeskanzler, Dr. Bruno Kreisky, konnte diesen Stolz in jene Bahnen lenken, die auch für das restliche Europa akzeptabel schienen. »He put Austria on the map«, hieß es. Seine internationalen Aktivitäten machten Österreich in der ganzen Welt bekannt.

Wie gesagt: Die »Lagerstraße« gab es nicht mehr. Ab 1955 haben ÖVP und SPÖ in einer permanenten »großen Koalition« zusammengearbeitet, ohne einander zu lieben. Stets war die ÖVP um eine Nasenlänge voran, errang mit Bundeskanzler **Dr. Josef Klaus 1966** sogar wieder die absolute Mehrheit. **1970** aber wurde die SPÖ unter **Kreisky** stimmenstärkste Partei, und nach einjähriger Minderheitsregierung folgte eine Periode absoluter SP-Majorität, bis Kreisky, alt und müde geworden, die Zügel locker lassen musste. Er verlor Stimmen und Selbstbewusstsein – und trat zurück.

Man hat die Epoche seiner Kanzlerschaft, die von 1970 bis 1983 dauerte, als die Kreisky-Ära bezeichnet. Sie begann, als eine andere Ära längst vorüber war: die Ära des Wiederaufbaus. Diese hatte dazu geführt, dass Österreich von einem armen schließlich zu einem reichen Land geworden ist und heute zu den reichsten der Welt gehört. Freilich nicht immer zu den angesehensten. Als **Dr. Kurt Waldheim**, zweimal Generalsekretär der Vereinten Nationen, zum Bundespräsidenten gewählt wurde, unterstellte man ihm und damit ganz Österreich undemokratische, ja »faschistische« Gesinnung. Waldheim wurde der Mitwisserschaft von Kriegsverbrechen beschuldigt, und auch als eine Historikerkommission diese Anschuldigungen zerstreute, war das Justizministerium der USA nicht davon abzubringen, den österreichischen Bundespräsidenten, das Staatsoberhaupt eines befreundeten Landes, mit einem Einreiseverbot zu belegen.

Noch ein zweites Mal ist der Beweis erbracht worden, dass der viel zitierte Ausspruch des Papstes Paul VI., Österreich sei eine »Insel der Seligen«, seine Gültigkeit verloren hatte. Als am 3. Oktober 1999 eine neue Regierung gebildet wurde, in der ÖVP-Obmann **Wolfgang Schüssel Bundeskanzler** war und die ein Koalitionskabinett mit der von einem großen Teil des Auslands als zu »rechts« betrachteten Freiheitlichen Partei gewesen ist, beschlossen die anderen EU-Staaten (auch Österreich gehörte damals bereits der Union an) so genannte Sanktionen und beschränkten sich nur mehr auf die notwendigsten Kontakte zu diesem Mitgliedsstaat. Man nahm an, dass der langjährige FPÖ-Obmann Dr. Jörg Haider, als Rechtsradikaler betrachtet, nach wie vor die bestimmende Kraft im Koalitionspartner der ÖVP sei.

Bereits am **24. Juni 1994** hatten sich die Österreicher in einer **Volksabstimmung** mit dem überraschend hohen Ergebnis von **66,4 % für die Mitgliedschaft in der EU** entschieden. Umso enttäuschter war das Land, als es wegen der schwarz-blauen Koalition eine Zeit lang gleichsam als Paria-Staat galt. Immer wieder ist den Österreichern in dieser Zeit – wie auch während der Waldheim-Ära – vorgeworfen worden, sie hätten ihre politische Vergangenheit nicht »bewältigt« und hätten die Opferrolle (nicht zuletzt auf Grund der erwähnten »Moskauer Deklaration« aus dem Jahr 1943) über-, die Täterrolle unterbewertet. Wieder wurde eine ausländische Expertenkommission gebildet und deren Ergebnis (und Ratschlag) führte zur Aufhebung der EU-Sanktionen am 19. Juni 2000.

Im dritten Jahrtausend, dessen Schwelle Österreich im Verhältnis der meisten europäischen Staaten relativ problemlos überschreiten konnte, sieht sich dieses Land vor neuen Aufgaben, die im Grunde die alten sind. In der Tat hat die Bundeshymne Recht, die vom »starken Herzen« des Kontinents singt. Das ist heute eher geopolitisch als geografisch gemeint. Aber nicht nur der Donauraum, nicht nur Mitteleuropa wird nach 600 Jahren wieder zu einer Art von Einheit zusammengefasst. Europas Osten liegt vor der Tür eines Landes, dessen Geschichte eine zutiefst gesamteuropäische war und ist. Ein Land, das einst groß war und heute klein ist, ist an Bedeutung wieder gewachsen. Kelten, Römer, Babenberger, Habsburger: Sie sind dann nicht vom Winde der Geschichte verweht, wenn sie als Teil dieser Geschichte aufgefasst werden. Geschichte ist Leben: vergangenes, gegenwärtiges, zukünftiges. Man hat das A.E.I.O.U. Friedrichs III. nicht nur lateinisch interpretiert, sondern auch deutsch: »Allen Ernstes ist Österreich unersetzlich.« Es stimmt.